PENSANDO O FUTURO

NOVAS IDEIAS SOBRE LIDERANÇA,
ESTRATÉGIA E INOVAÇÃO PARA O SÉCULO 21

C887p   Crainer, Stuart.
         Pensando o futuro : novas ideias sobre liderança, estratégia e inovação para o século 21 / Stuart Crainer, Des Dearlove ; tradução: Gilberto Antonio Nogueira Burnier. – Porto Alegre : Bookman, 2015.
         x, 212 p. ; 21 cm. – (Série Thinkers50)

         ISBN 978-85-8260-349-9

         1. Administração - Liderança 2. Inovação. I. Dearlove, Des. II. Título. III. Série

         CDU 658.3

Catalogação na publicação: Poliana Sanchez de Araujo – CRB 10/2094

PENSANDO O FUTURO

NOVAS IDEIAS SOBRE LIDERANÇA, ESTRATÉGIA E INOVAÇÃO PARA O SÉCULO 21

STUART CRAINER + DES DEARLOVE

Tradução:
Gilberto Antonio Nogueira Burnier

2015

Obra originalmente publicada sob o título
Future Thinkers: New Thinking on Leadership, Strategy, and Innovation for the Twenty-First Century
ISBN 978-0-07-182749-2 / 0-07-182749-8

Edição original em língua inglesa copyright ©2014, The McGraw-Hill Global Education Holdings, LLC, New York, New York 10020. Todos os direitos reservados.
Edição em língua portuguesa copyright ©2015, Bookman Companhia Editora Ltda., uma empresa do Grupo A Educação S.A. Todos os direitos reservados.

Gerente editorial: *Arysinha Jacques Affonso*

Colaboraram nesta edição:

Editora: *Mariana Belloli*

Preparação de originais: *Miriam Cristina Machado*

Leitura final: *Gabriela Dal Bosco Sitta*

Capa: *Maurício Pamplona*

Editoração eletrônica: *Techbooks*

Reservados todos os direitos de publicação, em língua portuguesa, à
BOOKMAN EDITORA LTDA., uma empresa do GRUPO A EDUCAÇÃO S.A.
Av. Jerônimo de Ornelas, 670 – Santana
90040-340 – Porto Alegre – RS
Fone: (51) 3027-7000 Fax: (51) 3027-7070

É proibida a duplicação ou reprodução deste volume, no todo ou em parte, sob quaisquer formas ou por quaisquer meios (eletrônico, mecânico, gravação, fotocópia, distribuição na Web e outros), sem permissão expressa da Editora.

Unidade São Paulo
Av. Embaixador Macedo Soares, 10.735 – Pavilhão 5 – Cond. Espace Center
Vila Anastácio – 05095-035 – São Paulo – SP
Fone: (11) 3665-1100 Fax: (11) 3667-1333

SAC 0800 703-3444 – www.grupoa.com.br

IMPRESSO NO BRASIL
PRINTED IN BRAZIL

Sumário

	Introdução	vii
CAPÍTULO 1	O que o futuro nos reserva	1
CAPÍTULO 2	A reinvenção da liderança	11
CAPÍTULO 3	Entendendo as organizações	51
CAPÍTULO 4	Entendendo a vida profissional	75
CAPÍTULO 5	Estratégia restaurada	91
CAPÍTULO 6	A inovação hoje	105
CAPÍTULO 7	Sustentando o futuro	133
CAPÍTULO 8	Ser único	151
CAPÍTULO 9	Todos juntos agora	177

Notas	199
Índice	201
Agradecimentos	207
Os autores	209
Thinkers50	211

Introdução

A ciência das melhores práticas de gerenciamento nunca fica estagnada. Técnicas modernas de liderança e gestão estão sempre evoluindo. Pense nisto: a maneira como as organizações são gerenciadas hoje é bem diferente de 10 anos atrás. A tecnologia, com certeza, teve um papel importante, mas o maior agente de mudança em relação ao modo como as organizações são dirigidas é a incessante busca por melhorias – gerenciar de forma mais eficiente e eficaz para atingir melhores resultados.

Melhorias são consequências de ideias brilhantes. Nada é tão útil quanto uma grande ideia. Ideias que inspiram e influenciam gestores em geral têm sua origem no pensamento e no trabalho dos pensadores reunidos no Thinkers50.

Da estratégia do oceano azul às cinco forças de Michael Porter, da inovação reversa de Vijay Govindarajan à hipercompetição de Richard D'Aveni, grandes pensadores e suas ideias afetam diretamente a maneira como as empresas são gerenciadas e a forma como os executivos pensam e praticam gestão.

Mas apenas ideias não bastam. O verdadeiro teste de gestão, sem dúvida, é fazer as coisas se concretizarem. Uma crítica persistente das escolas de administração é que os recém-formados conhecem a teoria gerencial moderna, mas não têm muita prática. Até o valor da gestão em si é questionado por alguns críticos. Gestão é importante? Há futuro nisso?

Os economistas têm tentado descobrir. Pesquisadores como Nick Bloom da Stanford University e John Van Reenen da London School of Economics estudaram o desempenho de mais de 10.000 organizações em 20 países e descobriram que a boa gestão está, na verdade, ligada a melhores desempenhos corporativos medidos por meio de produtividade, rentabilidade, crescimento e sobrevivência.

Também concluíram que algumas partes do mundo são melhores em gestão do que outras. Os gestores norte-americanos, por exemplo, superam seus colegas europeus, com a gestão respondendo por aproximadamente um quarto dos 30% a mais de produtividade que os Estados Unidos têm sobre a Europa. Uma gestão melhor é, então, uma arma competitiva em uma crescente economia global.

O Google, uma gigante da tecnologia, foi adiante, medindo o impacto dos seus gerentes na organização. Em 2009, estatísticos do Google iniciaram uma pesquisa chamada "Project Oxygen", na qual analisaram avaliações de desempenho, *feedbacks* e nomeações para melhores gestores, correlacionando frases, palavras, elogios e reclamações. O resultado foi uma lista de oito traços gerenciais significativos, incluindo clichês da área de gestão como "Tenha uma visão clara e uma estratégia para sua equipe", "Ajude seus funcionários a desenvolver suas carreiras" e "Não seja um fraco; seja produtivo e orientado por resultados".

E a lista continua. Entretanto, o mais interessante é que a pesquisa mostrou que aquilo que mais influenciava na decisão de um funcionário de deixar a empresa era o fato de ele ter um bom ou um mau gerente. Além disso, os gestores exerciam grande impacto no desempenho dos funcionários e no modo como se sentiam a respeito de seu trabalho, mais do que qualquer outro fator.[1]

Portanto, a gestão é importante sim, e ideias gerenciais também. Como foi citado no *The Economist*: "A boa gestão é mais como uma tecnologia do que como um mero ajuste às circunstâncias. Certas práticas gerenciais podem ser aplicadas a diversos cavalos em diversas pistas. Algumas são eternas, como a recompensa por mérito; outras são genuinamente inovadoras, como o movimento de qualidade estabelecido por W. Edwards Deming, após a Segunda Guerra Mundial."[2]

Se a gestão é uma tecnologia, adquirir a próxima atualização pode ser uma vantagem competitiva, e qual o melhor lugar para se procurar por uma grande ideia senão na obra de quem está pensando o futuro? Certamente, nem todos vão corresponder às suas expectativas, mas basta uma ou duas ideias diferenciadas para que o trabalho dos gestores adquira novos contornos.

Pense em Peter Drucker, que liderou o primeiro ranking do Thinkers50 em 2001. Drucker escreveu sobre os trabalhadores do conhecimento no final da década de 1960. Nos anos 1990, as melhores práticas se valeram das ideias desse grande pensador. Do mesmo modo, o trabalho de C.K. Prahalad sobre a base da pirâmide, datado do início deste século, ainda é de grande influência. O mais recente vencedor do Thinkers50, Clay Christensen, tem visto suas ideias sobre inovação desordenada serem usadas e aplicadas por gestores em suas incessantes buscas por vantagem competitiva.

Assim, apesar de o Thinkers50 hoje homenagear os mais importantes pensadores de gestão, pensar o futuro também é parte da nossa missão. Queremos identificar os pensadores que vão moldar o futuro da gestão, assim como os grandes Drucker, Prahalad e Christensen fizeram.

Como você pode notar, é um desafio e tanto.

Stuart Crainer e Des Dearlove
Fundadores do Thinkers50

CAPÍTULO 1

O que o futuro nos reserva

De onde vêm as melhores ideias sobre gestão? Cinquenta anos atrás, os executivos não se preocupavam com isso. As empresas eram gerenciadas e conduzidas de modo bem similar há décadas. Constância e consistência eram a marca daquele período. Se algum assunto estivesse complicado, os executivos dos anos 1960 poderiam apelar para os ilustres portais da Harvard Business School, Stanford, entre outras, e se sentirem bem confiantes de que tais escolas teriam a resposta. Em seus auditórios e suas salas de aula, as melhores práticas de gerenciamento eram ensinadas e as práticas futuras possivelmente seriam moldadas em suas mentes afiadas.

Mas as coisas mudam.

2 Pensando o futuro

Os executivos de hoje estão mais conscientes da importância de novas ideias, quer sejam ferramentas e técnicas que ajudem a manter os funcionários, quer sejam maneiras de melhorar a qualidade de seus processos produtivos. Ideias contam e os executivos sabem disso.

Essa busca por novas ideias é louvável. O problema é que se trata de uma demanda em crescimento. O pensamento em gestão é mais global do que se imagina. Uma ideia brilhante que poderia remodelar a gestão pode ser encontrada em Szechuan, Santiago ou Saskatchewan. Agora o ranking Thinkers50 conta também com pensadores chineses, como Liu Chuanzhi, presidente do Grupo Lenovo, que começou o empreendimento com um empréstimo de $24.000 do governo chinês em 1984. Hoje, a Lenovo é a segunda maior empresa de computadores do mundo. Na lista ainda está Wang Shi, fundador e presidente do Vanke, o maior construtor de residências do mundo. Além de ser um montanhista entusiasta que já escalou o Monte Everest, é também professor visitante em Harvard; liderou a primeira e maior organização empreendedora da China, está envolvido com várias organizações filantrópicas e é autor do livro *Ladder of the Soul*, publicado em 2011.

A mensagem é simples: pensamento em gestão não se restringe mais ao Ocidente. Os últimos rankings têm mostrado a relevância da Ásia, com a inclusão de uma geração de pensadores indianos, como Vijay Govindarajan, Pankaj Ghemawat, Nirmalya Kumar, Rajesh Chandy e Anil K. Gupta.

Nada menos que nove diferentes nacionalidades constavam no ranking de 2013, incluindo pensadores dos Estados Unidos, Países Baixos, Canadá, Coreia, China, Reino Unido, Índia e Cuba. Uma das mais notáveis histórias de sucesso é a do Canadá, com dois pensadores entre os top 10 – Roger Martin e Don Tapscott – e agora Syd Finkelstein, que apareceu na lista, pela primeira vez, em 2013.

Portanto, as melhores ideias devem ser buscadas em lugares nunca explorados. Felizmente, o pensamento em gestão não é mais uma prerrogativa masculina. Há um crescente grupo de notáveis e influentes pensadoras, como Renée Mauborgne da INSEAD; Rita McGrath da Columbia; Linda Hill e Amy Edmondson da Harvard Business School; a cubana Herminia Ibarra; Lynda Gratton da London Business School; Sheryl Sandberg, COO do Facebook e autora do livro *Lean In: Women, Work, and the Will to Lead*, publicado em 2013; e a ex-executiva da Oracle, Liz Wiseman.

Ampliando a rede

Tanto a rede de ideias tem se ampliado quanto a lente pela qual o comportamento executivo é examinado e compreendido. Os pesquisadores podem agora utilizar a tecnologia para entender nosso comportamento como jamais foi feito. Isso criou inúmeras oportunidades para melhor compreender o comportamento individual e organizacional, bem como várias outras questões, inclusive relacionadas à privacidade.

Por exemplo, uma análise da mudança no volume de pesquisas no Google por termos relacionados a finanças revela padrões que podem ser interpretados como sinais iniciais de variações no mercado de ações. Tobias Preis da Warwick Business School, Helen Susannah Moat da University College London e H. Eugene Stanley da Boston University analisaram alterações na frequência de 98 termos, como *rendimento*, *desemprego*, *crédito* e *Nasdaq*, nas pesquisas feitas no Google de 2004 a 2011.[1]

Eles descobriram que o uso de tais alterações no volume de pesquisas como base de uma estratégia de comércio para investir no Dow Jones Industrial Average Index pode levar a um lucro substancial. As transações baseadas nos números das pesquisas feitas no Google com a palavra-chave *débito* poderiam ter proporcionado uma rentabilidade de até 326%.

"Estamos gerando quantidades gigantescas de dados por meio de interações diárias com tecnologia, o que abre novas possibilidades fascinantes para a nova ciência social computacional interdisciplinar", disse Tobias Preis.[2] Quando grandes dados se relacionam com o comportamento organizacional, podemos esperar dividendos práticos e perceptivos.

Além das categorias

Uma das coisas interessantes que descobrimos ao compilar os textos para este livro é que os pensadores de hoje não estão dispostos a ser compartimentados. Há alguns anos, quando se falava com um professor de estratégia, era exatamente isto que se recebia: estratégia simples e sem graça. Os pensadores atuais não se enquadram tão facilmente dentro de uma única disciplina ou perspectiva. Suas paixões e ideias em geral são surpreendentemente diversas. Observe algumas dessas características nas próximas páginas: Dorie Clark era porta-voz de um candidato a presidente e estudioso de divindades. Agora seu interesse é a marca pessoal. O italiano residente na França Gianpiero Petriglieri é professor de administração, mas sua formação é em psiquiatria. Adam Grant é professor em Wharton e, às vezes, atua como mágico.

Hoje, as divisões funcionais não têm muito significado. Os pensadores do futuro serão claramente ecléticos sem constrangimento algum, capazes de olhar através de uma grande variedade de lentes. Do mesmo modo, empregos, produtos e indústrias inteiras estão convergindo como nunca. Isso está gerando um efeito dominó no pensamento empresarial. As linhas entre estratégia e inovação e entre liderança e marketing estão desaparecendo.

Importando ideias

Ideias de gestão são e sempre foram importadas de outras disciplinas e áreas de estudo. Algumas fontes se mostraram mais frutíferas. Os gestores têm, por exemplo, aprendido com os militares há séculos, de Sun Tzu a Norman Schwarzkopf. E isso ainda acontece. Um dos palestrantes de estratégia mais requisitados na Europa é Stephen Bungay, que trabalhou para o Boston Consulting Group e é autor do *The Most Dangerous Enemy: A History of the Battle of Britain* (2000) e do *Alamein* (2002). Frequentemente, dá palestras na Defence Academy of the United Kingdom, e seu livro *The Art of Action* (2010) mostra uma abordagem coerente e holística da gestão.

Outro exemplo é Arnoud Franken, que retirou lições dos Royal Marines (Fuzileiros Navais Reais). Os Royal Marines são uma força da Marinha Real Britânica composta de 7.500 comandos treinados em infantaria anfíbia e é a principal força do United Kingdom's Rapid Reaction Force (Força de Reação Rápida do Reino Unido). Diz Franken:

> Para executivos seniores, uma das principais lições da abordagem dos Royal Marines ao planejamento diante das incertezas é que ele não se trata de juntar e esmiuçar grandes quantidades de informação utilizando avançadas técnicas matemáticas, a fim de criar um modelo preciso do mundo que reduz a incerteza inerente, e usar isso como base para desenvolver uma estratégia para a equipe executiva. Também não se trata de utilizar ferramentas de planejamento tradicionais herdadas do passado e orientadas por um pensamento linear e eficiente, o qual assume que o ambiente não se altera, tampouco é sobre evitar pensar porque é muito difícil. Ao contrário, trata-se de criar mentes preparadas e manter mentes e atitudes

flexíveis para atingir o estado final desejado e aceito por todos. É o planejamento que importa, e não o plano em si.

Além disso, em ambientes dinâmicos, o planejamento não pode ser uma prerrogativa exclusiva da equipe executiva, uma vez que ela não consegue compreender, planejar, liderar e gerenciar de maneira detalhada na velocidade das mudanças no ambiente. Assim, o processo de planejar não deve ser exclusivo, mas sim inclusivo, atraindo conhecimento, perspectivas, habilidades e qualidades de pessoas de todos os níveis da organização.

Franken não para nos militares. Ele também recorre a estudos antropológicos iniciais. Nós, particularmente, gostamos de suas considerações perspicazes sobre a importância dos números:

> Já se perguntou por que há sete hábitos das pessoas eficazes? Ou por que tudo é apresentado em trios? Na verdade, não são sete ou três; são cinco mais ou menos dois. Mas de onde vêm cinco mais ou menos dois? Bem, para isso, temos que voltar cerca de 40.000 anos.
>
> Pense na sua família; no início, havia você e seus pais. Isto é, você, pai e mãe, ou seja, três. Talvez sua família seja maior, talvez você tenha irmãos, talvez tenha um ou dois irmãos e irmãs, o que rapidamente se transforma em cinco. Ou pode ser que sejam você, seus pais e alguns avós, sendo dois avôs e duas avós, o que dá sete.
>
> Como, por centenas de milhares de anos, crescemos nesse contexto social, nosso cérebro está conectado ao número sete. É por isso que conseguimos lembrar sete nomes e por isso que equipes mais efi-

cazes tendem a ter sete pessoas. Se os grupos passarem a ter 10 pessoas, a equipe se torna ineficaz e ineficiente, talvez porque você não consiga lembrar o nome de todos ou talvez porque as pessoas se sintam excluídas. De novo, como estamos programados para sete, dez torna-se sete mais três, sendo três pertencentes à outra equipe, e isso passa a não funcionar.

Então, se você está organizando uma equipe ou quer comunicar algo, use a regra de cinco mais ou menos dois. Comunique suas mensagens com três pontos claros e garanta que sua equipe tenha sete pessoas.

Lições de ouro

O mundo dos esportes é sempre uma fonte de inspiração. Uma das pessoas mais influentes nessa área é Alex Gregory, tricampeão mundial de remo e medalhista de ouro no quatro sem timoneiro nas Olimpíadas de Londres, em 2012. Ele argumenta que é muito fácil se concentrar em aperfeiçoar suas forças em vez de remediar suas fraquezas:

> Quanto mais converso com pessoas do mundo atlético, e fora dele, mais percebo que o foco em aprimorar suas forças e não em identificar ou combater suas fraquezas é comum. Isso se aplica ao tenista que normalmente evita usar seu fraco *backhand*; ao CEO que é ótimo com números, mas não compreende como funciona o marketing; ao professor que sabe o seu conteúdo de trás para frente, mas não é tão bom em manter a disciplina em sala de aula.
>
> O problema é que é muito fácil trabalhar no que você já é bom. Há uma satisfação imediata e um *feed-*

back positivo, com uma crença falsa de que foram dados passos largos na direção certa. Mas, de fato, é provável que a taxa de melhora seja pequena e relativamente insignificante. Você faz algo bem e se esforça para fazer um pouco melhor. A crença é que acentuar suas forças vai ofuscar suas fraquezas.

Aprendemos, como pais e professores, que um *feedback* positivo é bom e é a coisa certa a se fazer. Isso é ótimo e algo com o qual eu concordo plenamente, mas significa que, desde muito cedo, estamos buscando estímulos positivos de outros ao nosso redor. Conseguimos isso fazendo e repetindo ações em que somos bons, executando-as bem, melhorando-as cada vez mais. O problema é que isso simplesmente nos leva para mais longe daquilo que de fato deveríamos estar fazendo para realizar mudanças significativas.[3]

Por mais amplo que seja o campo de estudo, qualquer livro requer um grau de ordem e de estrutura. Assim, este grupo de pensadores do futuro está ordenado da seguinte forma:

Capítulo 2: A reinvenção da liderança

O estudo da liderança se tornou uma indústria intelectual pesada, mas a nova geração de pensadores oferece perspectivas interessantes e atuais. Gianpiero Petriglieri e Lee Newman refletem sobre isso.

Capítulo 3: Entendendo as organizações

As empresas costumavam ser duradouras. Não mais. Agora elas parecem frágeis, mas ainda são fascinantes. Christian Stadler dá sentido à organização do século XXI, Ethan Mollick explora o mundo de gerentes intermediários, e muito mais.

Capítulo 4: Entendendo a vida profissional

Como funcionam as carreiras? Qual a melhor forma de traçar seu caminho para subir na hierarquia organizacional? Monika Hamori está entre os melhores pensadores que abordam a realidade profissional.

Capítulo 5: Estratégia restaurada

Disciplina antiquada? A estratégia foi negligenciada nos últimos anos, enquanto pensadores migravam para o ramo da inovação. No entanto, qualquer organização requer estratégia. Laurence Capron oferece ajuda... e esperança.

Capítulo 6: A inovação hoje

Inovação e tecnologia é a dobradinha intelectual dos nossos tempos. Mas quem está dizendo algo novo e original sobre isso? James Allworth e Navi Radjou são vozes eloquentes nessa área.

Capítulo 7: Sustentando o futuro

Há muita propaganda e exagero rondando assuntos como sustentabilidade e responsabilidade social corporativa. O que isso quer dizer de fato? A pesquisa de Ioannis Ioannou traz rigor acadêmico ao assunto, e Ellen MacArthur oferece uma visão persuasiva e ambiciosa do futuro da economia mundial.

Capítulo 8: Ser único

Em 1997, Tom Peters falou sobre uma marca chamada "você". Vivemos uma época de evidência da marca pessoal, impulsionada pela ascensão da geração Y no mercado de trabalho. Dorie Clark esclarece o significado da marca pessoal. É realmente sobre você. Adam Grant, por sua vez, oferece sua mágica única.

Capítulo 9: Todos juntos agora

Aonde a ascensão das mídias sociais nos levará? Nilofer Merchant nos dá um sinal de alerta em relação à realidade digital vivida 24 horas por dia, sete dias por semana.

CAPÍTULO 2

A reinvenção da liderança

Poucos assuntos têm atraído tanta atenção nos últimos anos quanto a liderança. Entrevistamos um explorador, um *chef* de cozinha, um jogador de futebol, um treinador de futebol, um pizzaiolo, um neurocirurgião, uma lenda do rúgbi, o desenvolvedor do supercomputador mais rápido do mundo e vários empreendedores e executivos a respeito disso.

Liderança, aparentemente, é universal. Gianfranco Zola, ex-jogador de futebol italiano, astro mundial e lenda no Chelsea Futebol Clube, se tornou um técnico de futebol e resumiu para nós: "Não importa o que você faça, seja você um jogador de futebol, um banqueiro, um político, seja o que for, é sempre a mesma coisa. Somos todos seres humanos; nos vestimos de formas diferentes, mas somos todos seres humanos e as dinâmicas sociais são sempre as mesmas. Se você entende a dinâmica e lida bem com o grupo, então troque de roupa e altere a situação: você ainda vai obter sucesso. Portanto, eu acredito que se você consegue lidar com um grupo de pessoas, pode ter sucesso fazendo algo diferente."

Zola, que durante sua brilhante carreira como jogador de futebol jogou ao lado da lenda argentina Diego Maradona e do atacante brasileiro Careca, tornou-se técnico de futebol em West Ham e Watford. Sobre a transição de jogador para técnico, disse o seguinte:

> Se você quer trabalhar como treinador deve aprender a pensar como um líder. Como jogador, percebi que a parte mental é muito importante, porque você deve se livrar da ideia de que todo mundo pensa como você. Não é assim. Isso foi uma grande descoberta para mim. Acho que é um erro que muitas pessoas cometem. Eu ainda faço isso às vezes, porque é difícil mudar. Dedico pelo menos uma hora por dia à liderança. É mais importante que você aprenda a lidar com as questões de liderança do que a fazer uma apresentação ou a se preparar para um jogo. Essas coisas são importantes, mas a liderança é ainda mais.

Sean Fitzpatrick é uma lenda do rúgbi internacional. Foi capitão do poderoso time de rúgbi da Nova Zelândia, o All Blacks, no qual jogou 92 partidas internacionais, de 1986 a 1998, incluindo o recorde mundial de 63 amistosos consecutivos, 51 deles como capitão. Continua envolvido com o rúgbi como autor, jornalista e comentarista.

Perguntamos a ele como é ser líder de um time como o All Blacks. "Eu só despertei para o que realmente era liderança quando me tornei capitão do All Blacks. Não me sentia confortável liderando esse time, possivelmente, nos primeiros dois ou três anos. Mas um conselho fundamental que recebi, quando me tornei capitão, foi de liderar pelo exemplo. Quando penso em todos os grandes líderes que admirei ao longo dos anos, bem como nas pessoas com as quais joguei, os líderes que admirei são os que de fato fizeram o trabalho: destacaram-se e lideraram dando o exemplo. Isso, para mim, é o ponto principal. Outra coisa que aprendi desde cedo é que você não precisa, necessariamente, que as pessoas gostem de você, mas deve ser respeitado. E como se ganha o respeito? Liderando pelo exemplo. A liderança pelo exemplo é um ingrediente essencial em organizações de sucesso."

Quando perguntamos a Fitzpatrick como lidava com pessoas que não estavam apresentando bom desempenho, ele foi bem categórico: "Se as pessoas não estão fazendo a sua parte, sentamos e analisamos os desempenhos um do outro. Conversamos bastante sobre nossas forças e fraquezas, sobre aspectos nos quais somos bons e nos quais não somos. Sobre o que fizemos bem. E somos muito, muito sinceros um com o outro. Ao final do dia, tudo se resume a ter o melhor desempenho, e isso envolve dizer a si mesmo que você não é bom o bastante e precisa melhorar ou que não está se dedicando ao time. Se o rúgbi não é a sua prioridade na vida, você deve reavaliar onde está. E se você é o astro do time, realmente não nos interessa. Preferimos ter um pouco de dificuldade dispensando você e buscando um jogador que esteja totalmente disposto a ir aonde queremos chegar. Então, é um negócio difícil. Os jogadores que estão no nosso clube sabem disso e é um ótimo ambiente de se trabalhar." Como diz Fitzpatrick, liderança não é um concurso de popularidade. Mas é essencial.

Aquecimento

O que é impressionante nos líderes, tanto no âmbito esportivo quanto corporativo, é o quanto eles pensam a respeito da liderança. Eles se preparam como líderes assim como as estrelas mais dedicadas do esporte se preparam para os jogos.

Durante uma entrevista com Joe Jimenez, CEO da Novartis, perguntamos quanto trabalho ele teve para adquirir o conhecimento e o vocabulário da indústria farmacêutica, já que não era um cientista.

Em 2007, quando me tornei o chefe da divisão farmacêutica, senti que era muito importante que eu estudasse não só nossos remédios, mas também as doenças com que nossos medicamentos estão envolvidos, assim como o mecanismo das moléculas que havíamos descoberto e desenvolvido.

Recebi muita ajuda nos primeiros anos para entender essa ciência. Tive um professor que chegava cedo, antes do horário de trabalho. Escolhíamos uma doença e ele me explicava como tal doença progredia, quais mecanismos estavam implicados, como as peças se encaixavam nela e onde cada um dos nossos componentes participava do seu manejo.

Descobri que com muito trabalho, à medida que fazia reuniões com nossos cientistas, conseguiria fazer as perguntas certas sobre o que havia sido considerado e o que ainda não.

O interessante é que é possível gerenciar uma empresa como essa sem ser médico ou cientista, desde que você entenda alguma coisa sobre as ciências e garanta que as pessoas certas vão estar na sala quando estiver debatendo. Temos um conselho de gestão da inovação integrado por alguns dos mais brilhantes cientistas do mundo, que sentam em uma mesa debatendo se vamos proceder com a fase dois ou com a três em um programa específico, e eu estou lá com eles. É curioso como você pode aprender sobre uma nova indústria ou ciência, mesmo não sendo da área.

Tal aplicação diligente e tal esforço focado são comuns aos líderes com quem temos falado.

Nossa conclusão? Liderança é uma combinação potente, e em constante mudança, de sensibilidade ao contexto e competência. Assim, não é surpresa que algumas das vozes mais interessantes na arena da liderança tenham experiência nas áreas de psicologia e psiquiatria.

Liderança clínica

Essa foi a primeira especialização de Gianpiero Petriglieri. Professor associado de comportamento organizacional na INSEAD, Petriglieri estudou psiquiatria antes de se tornar um premiado professor e pesquisador, cujo trabalho abrange liderança, desenvolvimento de adultos e aprendizado experimental. É também um blogueiro frequente na *Harvard Business Review* e no *Wall Street Journal,* bem como um entrevistado de fala e pensamento rápidos.

O que é interessante sobre o seu currículo é a transição da psiquiatria para a área de gestão. Não parece um salto muito comum.

Muitas pessoas me perguntam: por que passar 10 anos estudando, ter todo esse trabalho, e depois trocar de carreira? Mas não sinto que mudei tanto de direção.

Sempre tive paixão por entender e auxiliar o desdobramento das vidas humanas em contextos sociais. Em nível mais amplo, todo meu trabalho – seja pesquisando, escrevendo, ensinando, treinando, consultando e, no passado, na minha prática como psicoterapeuta – tem gravitado ao redor de dois empreendimentos. O primeiro é examinar como a história e as aspirações das pessoas, junto com as dinâmicas dos grupos e sistemas sociais aos quais pertencem, afetam o modo como pensam, sentem e agem em papéis pessoais e profissionais. Eu estou interessado em como essas forças, consciente e inconscientemente, moldam o *ser* humano, assim como a *transformação* humana. O segundo é ajudar as pessoas a levar suas experiências a sério sem, contudo, serem literais demais, para que possam dar novo significado às suas experiências e desenvolver mais opções para lidar com elas.

Quando me formei em psiquiatria, tinha muito interesse em grupos. Na Itália, há uma longa tradição de psiquiatras sociais. É um dos centros mundiais para terapia familiar sistêmica, por exemplo. Eu costumava observar o trabalho do meu pai em uma comunidade de tratamento psiquiátrico, enquanto crescia, e havia muito foco na importância das comunidades no meu próprio curso, em como famílias, grupos sociais, grupos de trabalho e organizações contribuem para tornar os indivíduos mais ou menos mentalmente sadios, como eles nos ajudam a prosperar ou nos mantêm na luta. Algo que nunca esqueci.

Por meio do meu interesse em grupos, pude conhecer Jack Wood, professor da IMD em Lausanne, que se tornou meu mentor, amigo próximo, colega e coautor, e ainda me apresentou as raízes britânicas do trabalho clínico sistêmico aplicado à gestão e às organizações. O Reino Unido tem uma longa e forte tradição de pessoas que fazem pontes entre o mundo da psicanálise e o mundo organizacional, tanto na Tavistock Clinic quanto no Tavistock Institute.

Próximo do fim da minha residência, eu me inscrevi em um programa de dois anos na Tavistock para estudar consultorias organizacionais e, ao mesmo tempo, comecei minha própria análise. Ambos eram fundamentais na minha transição da psiquiatria italiana rumo a um futuro incerto, porém atraente. Também me envolvi um pouco mais em abordagens interpessoais para o trabalho clínico e organizacional, como a análise transacional e o trabalho do NTL Institute nos Estados Unidos.

Após terminar minha residência, trabalhei na IMD como instrutor e consultor em programas de desenvolvimento de liderança e como psicoterapeuta dentro do contexto do programa de MBA deles. Enquanto isso, li, estudei, escrevi, treinei bastante e me tornei conhecedor da promessa e dos perigos de estar "no meio", uma situação que continua a me fascinar e a me confundir até hoje.

Aqueles anos foram produtivos em termos de formação. Eu estava trabalhando no limite entre prática clínica e desenvolvimento de liderança, e isso me conscientizou da necessidade de olhar para, escrever sobre e praticar o desenvolvimento de liderança com mais profundidade e amplitude, focando tanto na riqueza do que trazemos ao trabalho todos os dias quanto na complexidade das organizações e das comunidades nas quais trabalhamos.

Em 2004, fui convidado a ensinar e projetar o curso sobre liderança no programa de MBA da Copenhagen Business School, no qual comecei a testar, trazendo para a sala de aula algumas daquelas preocupações pessoais e sistêmicas. O meu curso incluiu tanto estudos de caso quanto vasto componente experimental, e o seu sucesso foi um bom indício de que estava me tornando um professor de gestão, se não um professor tradicional. Alguns anos depois, a INSEAD mostrou interesse por mim. Fiquei encantado e nem tinha ideia de quanto isso iria se prolongar e se aprofundar, além de amparar meu trabalho, uma vez que essa instituição passou a ser meu endereço profissional.

Essa foi minha trajetória até agora. Meu interesse em ajudar as pessoas a ser mais eficientes e trazer mais delas mesmas ao ambiente de trabalho se manteve. Eu posso ter trocado de contexto, mas as coisas que me deixam curioso ou perturbado continuam praticamente as mesmas. As pessoas riem quando brinco que estudar psiquiatria é a grande base para trabalhar em uma escola de administração, especialmente nos dias de hoje, em que o trabalho é tão pessoal e confuso. Mas isso não é uma brincadeira.

Pense no local de trabalho na civilização contemporânea. É muito central. As organizações e as empresas ocupam um lugar na imaginação popular semelhante ao que a igreja ou os militares ocuparam historicamente. Considere as figuras nas quais as pessoas se inspiram, admiram ou culpam. Quem são elas? CEOs e empresários. De alguma maneira, eles se tornaram ícones de virtude. Olhamos para eles não apenas como modelos de como se sair bem, mas também de como direcionar a vida para viver bem.

Estou interessado no modo como as organizações e as escolas de administração, e o que quer que funcione sob a bandeira do desenvolvimento de liderança, trabalham com o que Jennifer Petriglieri e eu chamamos de "espaço de trabalho de identidade". Observamos as organizações não apenas em termos do que elas levam os indivíduos a *fazer*, mas também do que eles se *tornam* por causa delas.

Tal função sempre esteve lá. Se você trabalhasse para a IBM, General Motors ou General Electric, e tivesse um bom desempenho, isso lhe daria uma identidade sólida e uma trajetória para o futuro, muitas vezes, prolongando-se por toda a vida profissional. Hoje, no entanto, organizações e carreiras sofreram profundas mudanças e essa trajetória não pode ser dada como certa.

As organizações ainda são importantes para muitas pessoas, não me entenda mal. Em geral, há um comprometimento profundo, mas não há necessariamente uma expectativa de lealdade. Nos ambientes de trabalho atuais, dois tipos de limites ficaram menos claros. O primeiro é o limite entre as organizações e os setores. As pessoas são transferidas mais do que costumavam ser. O segundo é o limite entre o que é pessoal e o que é profissional.

As pessoas nem sempre esperam, ou desejam, construir toda a sua carreira na mesma organização ou no mesmo país. O que torna o trabalho mais precário. Ao mesmo tempo, as pessoas querem que o trabalho seja uma expressão de quem elas são, de seu verdadeiro eu, o que quer que isso signifique. O que torna o trabalho mais pessoal.

Essa dissociação entre comprometimento e lealdade tanto quanto essa mistura de precariedade e personalização são fenômenos que nos fazem repensar não só a relação entre as organizações e os indivíduos, mas também o significado de trabalho, liderança e desenvolvimento de liderança.

Nesse contexto, o que é necessário para ter carreiras promissoras e significativas? O que significa liderar? O que é necessário para liderar bem? E como ajudamos aspirantes a líderes a exercer bem esse papel? Tudo o que escrevo e ensino gira em torno dessas questões.

Como você pesquisa tais tópicos?

Sou um pesquisador qualitativo. Converso com as pessoas, convivo com elas e tento dar sentido às suas experiências: como seu mundo interno se molda e é moldado pelo mundo externo.

Por exemplo, Jennifer, Jack e eu fizemos um grande estudo acompanhando um grupo que estava cursando um programa intensivo de MBA. Observamos o seu desenvolvimento não de uma perspectiva de quais empregos eles tinham ou do que eles tinham aprendido ou não, mas com o foco em suas identidades. Queríamos entender como a percepção de quem são, de onde vêm e o que querem era afetada por sua experiência na escola de administração.

Uma das coisas que descobrimos foi o processo pelo qual esses gestores passaram para *personalizar* seu aprendizado – como eles usaram o MBA para aproximar quem eles eram do que eles faziam. Esse estudo teve grande repercussão. Até ganhou um prêmio como "a mais importante contribuição à educação de gestão acadêmica" da Academy of Management. Acho que isso ocorreu porque mais e mais pessoas esperam que seus empregos estimulem seus desenvolvimentos pessoais, ajude-os a prosperar e a crescer, e não apenas a realizar tarefas e ganhar seu sustento.

Outra coisa que descobrimos foi que gestores que não dependem mais de suas organizações empregadoras para lhes fornecer uma trajetória profissional costumam utilizar programas de desenvolvimento de liderança como meio de se tornar mais flexíveis e acessíveis, a fim de se preparar para as carreiras móveis e incertas de hoje.

Isso está de acordo com o estudo no qual estou trabalhando com Isabelle Solal, que é focado no que chamamos de "profissionais nômades". Eles são indivíduos aos quais a mobilidade costuma proporcionar aprendizados e oportunidades valiosas para alcançar posições de liderança. Exatamente por causa de sua flexibilidade e mobilidade, no entanto, a história, a mentalidade e a experiência desses profissionais, muitas vezes, distanciam-se das daquelas pessoas que não têm a oportunidade de se movimentar tanto.

O que temos agora é uma elite de liderança nômade.

Sim, Richard Sennett, sociólogo na London School of Economics, tem escrito muito sobre isso. Ele diz: "Veja, é uma pequena minoria, mas é uma minoria que tem profunda influência cultural porque são pessoas famosas e com visibilidade, portanto têm grande acesso a oportunidades."

Eu sou fascinado por essa mudança, pois, por milênios, nômades certamente não eram elite de jeito nenhum. Na verdade, as pessoas que se mudavam muito despertavam suspeitas, eram inaceitáveis e perigosas.

Não é por isso que temos dificuldade em confiar em pessoas que pertencem a essa elite, porque viajam constantemente?

Esse é um paradoxo pelo qual me interesso. Por um lado, dizemos para as pessoas que elas devem se movimentar e ganhar experiências, pois é a única forma de ter acesso aos papéis seniores. Mas os tipos de prescrições que estamos oferecendo para que você se torne um líder estão, possivelmente, colocando-o em risco quando for líder. Tais prescrições o tornam qualificado, mas nem sempre confiável para liderar. Isso é a promessa e o perigo do espírito desta época.

Considerando que essa elite está liderando as organizações, por que as pessoas deveriam ser leais a elas?

Há dados mostrando que o contrato psicológico entre pessoas e organizações tem mudado drasticamente de uma relação baseada em comprometimento mútuo para uma mais transacional baseada na troca de serviços por recompensas. Agora já superamos a geração que se sentiu traída por tal mudança e temos uma geração que se adaptou a ela dizendo: "Bem, se as organizações não estão preparadas para me mostrar qualquer lealdade, por que eu deveria ser leal?"

Em um nível psicológico, a chance de experimentar liberdade nesse mercado de trabalho muito incerto é, talvez, o maior privilégio que você pode ter, e o contrário dele é a profunda ansiedade da grande maioria das pessoas, que não sabem o quanto seus empregos são ou podem ser estáveis.

Sim, se você considerar que isso seja liberdade.

Bem, eu penso que as pessoas que conseguem vivenciar isso como liberdade são as afortunadas, mas elas não são a maioria.

Outro dos meus interesses tem a ver com a preocupação com um trabalho com um significado. É muito difícil encontrar significado naquele sentido a que as pessoas se referem, como uma experiência quase romântica de fusão com o trabalho. Muitos de nós desejamos esse emprego significativo e, ao mesmo tempo, não queremos o lado negativo dele, em que podemos ser consumidos pelo trabalho.

Na minha pesquisa e no meu trabalho com executivos, no entanto, descobri que as pessoas que experimentam o maior significado possível no trabalho são tanto livres quanto comprometidas. Seu comprometimento não as prende, ao contrário, ele as impulsiona para que sejam mais elas mesmas, para que arrisquem mais, continuem abertas. Se você voltar à psicologia, é um pouco como o amor. O amor nem sempre o prende. Às vezes, ele faz você ser mais você mesmo do que seria se não estivesse com a pessoa que ama.

Um número cada vez maior de organizações diz "junte-se a nós, pois gostaríamos que você fosse mais do que poderia ser por si só". Eu estou interessado em saber o que é necessário para cumprir tal promessa.

Não acredito que seja apenas marketing. Há uma verdadeira demanda por parte dos indivíduos, e ela só vai aumentar à medida que uma nova geração, que foi criada com a ideia de seguir seus sonhos, entrar no mercado de trabalho.

As pessoas hoje não têm expectativas reais? Elas, ao final, vão ficar desapontadas?

A vida é repleta de decepções. A questão é: de que tipo? Uma boa saúde mental decorre do fato de ter sobrevivido à decepção com algum aprendizado, mas sem ter a alma destruída. Se pudermos ajudar as pessoas a buscar suas ambições e seus ideais e então aprender a sofrer decepções sem perder a esperança, acho que vamos ter líderes muito bons.

Não acho que alguém possa liderar de maneira inspiradora se ele ou ela for um realista. Deve haver um elemento de idealismo, de desejo e de esperança não condescendente. Ao mesmo tempo, não queremos líderes que, por causa das suas ardentes ambições e idealismos, não conseguem lidar com contratempos nem mesmo tolerar questionamentos ou questionar a si mesmos. Eles são os líderes mais perigosos, mais fundamentalistas.

Trabalho muito com executivos seniores e sempre pergunto: "Quantos de vocês se estressam porque as coisas não estão indo na direção que desejam ou não estão chegando lá tão rápido quanto gostariam?" E todos levantam suas mãos. Então pergunto: "Quantos de vocês se martirizam e dizem a si mesmos que talvez isso seja porque não são líderes tão bons quanto deveriam ser?" E todos levantam as mãos novamente.

Costumamos dizer às pessoas que elas podem liderar e ser felizes, mas, na verdade, a liderança muitas vezes é diferente. Ter ciência da tensão intrínseca à liderança pode nos ajudar a ter líderes que conseguem aceitar limitações sem perder suas aspirações.

Há uma crise de liderança? *Existe uma leve suspeita de que toda geração, cedo ou tarde, acaba dizendo que há crise de liderança.*
Acho que não houve uma geração que não pensou que o modo como as pessoas lideravam na geração anterior era estranha e inadequada.

Costumo usar a metáfora do ônibus. Sempre houve, em algum ponto, em todas as gerações, uma luta pelo volante e as novas gerações dizendo: "Certo, agora eu quero dirigir o ônibus e a forma como você vem dirigindo não é a maneira que acho que deveria ser, e onde você está nos levando não é para onde nós deveríamos estar indo". Hoje, no entanto, o que se vê são várias pessoas questionando se deveríamos estar no ônibus, se deveríamos sair dele todos juntos, ou se deveríamos tentar encontrar novos meios de transporte, metaforicamente falando. Não estamos apenas questionando os líderes. Estamos questionando a habilidade das atuais instituições de produzir e capacitar boas lideranças e bons seguidores.

Mas existem programas de desenvolvimento de liderança há mais de 50 anos.
Isso é o que acho mais interessante. Desenvolvimento de liderança é uma das poucas indústrias que

podem punir seus próprios produtos e continuar a produzi-los! Acredito sinceramente que o desenvolvimento de liderança não mudou tanto quanto o mundo do trabalho.

Veja a maneira como definimos liderança nos últimos 30 anos, como um exercício de influência, uma atividade, algo que os líderes *fazem* aos outros. Não temos prestado atenção suficiente para defini-la como um líder fazendo algo *em nome de outros*. Temos olhado muito mais para um lado da relação de liderança, que é o do líder para o seguidor, e negligenciado o outro, do seguidor para o líder. O desenvolvimento de liderança tem uma longa história que remete à Segunda Guerra Mundial e às organizações militares homogêneas. Nesse tipo de organização, desenvolver líderes significa ajudar as pessoas a subir, distinguindo-as.

Muito do desenvolvimento de liderança ainda é projetado com esse objetivo específico em mente. Mas, hoje, trabalho e organizações são muito diferentes, como dizíamos anteriormente. Eles não são homogêneos. São precários. São muito pessoais. Assim, o desenvolvimento de liderança não pode ser focado em subir de cargo e se destacar. Ele deve ser reorientado rumo a um novo objetivo, que é manter as pessoas conectadas a si mesmas e aos outros – as duas conexões que precisamos para o surgimento de um propósito e uma direção comuns.

É por isso que em meus programas de desenvolvimento de liderança, nos quais aplico essas ideias e pesquisas, focamos não apenas em desenvolver líderes, em ajudar os executivos a adquirir perspectivas, habilidades e a coragem que eles necessitam para liderar, mas em desenvolver comunidades de liderança. Isto é, grupos de líderes que compartilham propriedade e responsabilidade pelos resultados, pela estrutura e pela cultura de suas organizações.

As comunidades de liderança, é claro, não estão sempre dentro de uma mesma organização. Para muitos executivos, as pessoas em quem eles confiam e de quem dependem são colegas em diferentes organizações ou diferentes setores. O que significa para uma organização o fato de esses líderes serem influenciados por uma comunidade que está fora dela? Normalmente somos bastante positivos sobre isso, pois observamos como essas ligações externas abrem suas mentes, os mantêm conectados e criam redes e oportunidades para a empresa.

Mas há um lado negativo novamente. Tais vínculos tornam esses líderes um tanto questionáveis. Se eu sou um seguidor, posso ficar tentado a perguntar: "Com quem você está comprometido? Comigo ou com esse grupo que parece ser muito importante para você?" Então o que acontece é que, ao cultivar conexões exteriores, os líderes precisam ser eficazes e ainda ganhar a confiança das pessoas com quem trabalha, que se torna um pouco mais difícil de ser conquistada. E como líder, se você não tem confiança, você não tem nada.

Qual é a sua definição de liderança?

Eu tenho um problema com essa noção de liderança como a capacidade de conseguir que os outros façam coisas que eles em princípio não fariam. Ela é uma definição tradicional. Acho que estaríamos muito melhor com a seguinte definição de liderança: ter coragem, comprometimento, capacidade e confiança para articular, personificar e ajudar a perceber a gama de possibilidades que existe para um grupo de pessoas em determinado momento. Isso se aproxima mais daquilo que os líderes realmente fazem. Primeiro você precisa ter coragem para fazer alguma coisa. Você precisa ter comprometimento. Não pode fazer isso apenas por um dia ou dois. Você realmente necessita de alguma habilidade, mas também precisa conquistar a confiança dos outros. É algo que vem de dentro e diz respeito a algum grupo em um determinado momento. Se você quer ser um "líder", você não é líder de ninguém. Sabemos de pessoas que perdoam os líderes por assassinato, mas não os perdoam por inconsistência. A decepção clássica com líderes carismáticos ocorre por que eles articulam suas visões de forma tão bela e as personificam com tanta pureza que as pessoas pensam que alguma transformação profunda vai ocorrer. A realidade não é bem essa, e as pessoas costumam culpar os líderes.

Às vezes, há uma linha tênue entre o que os líderes prometem e a promessa que as pessoas veem neles. *Promissor* é uma palavra muito bonita; dizer que alguém é *promissor*, na verdade, pode significar duas coisas: que ele promete algo ou que nós vemos promessa nele.

Para mim, a visão de liderança como uma posição e uma propriedade, como um trabalho ou um conjunto de habilidades, é bem perigosa, porque não prepara as pessoas para a complexidade, a profundidade, tampouco para a realidade da liderança. Ela a reduz a um título ou a uma lista de tarefas. Eu não estou dizendo que você não precisa de tudo isso, mas há muito mais na liderança.

Liderança positiva

Enquanto Gianpiero Petriglieri toma a psiquiatria como a base de sua visão de liderança, a inspiração de Lee Newman é o movimento da psicologia positiva, fundado na psicologia cognitiva. Antes de investir na carreira acadêmica, Newman criou e gerenciou duas empresas de tecnologia em Nova York (Brainstorm Interactive e HR One) e trabalhou como consultor de gestão para a McKinsey & Company, em Chicago.

Como diretor de Inovação e Comportamento da IE Business School e diretor da IE School of Social and Behavioral Sciences, Newman sugere uma nova abordagem à liderança, projetada para alcançar vantagem comportamental, "uma vantagem alcançada pela construção de uma organização de indivíduos e equipes que pensam e atuam melhor em todos os níveis". Ele argumenta que a vantagem competitiva sustentável não é mais alcançável no sentido convencional, mas é possível obter vantagem comportamental.

Como as organizações obtêm vantagem comportamental? Levando em conta as últimas pesquisas e o conhecimento em economia comportamental e psicologia positiva, e aplicando-os depois à melhoria do desempenho individual e organizacional por meio de algo chamado por Newman de "liderança positiva".

Há três elementos principais nisso. O primeiro é o treinamento da mente, que ajuda os líderes a compreender seus processos de pensamento e habilita-os a pensar melhor. O segundo elemento foca no desenvolvimento positivo, que consiste em estabelecer condições sob as quais as pessoas possam se dedicar ao máximo. As empresas deveriam, segundo Newman, "identificar e reunir as forças das pessoas e equipes, estabelecendo um ambiente positivo no qual elas possam vivenciar mais emoções positivas do que negativas durante o trabalho. É uma situação ganha-ganha: melhor para o bem-estar dos funcionários e melhor para a receita da organização".

O terceiro aspecto de liderança positiva que o líder precisa observar envolve aptidão comportamental. Os líderes devem garantir que eles e seus seguidores pratiquem comportamentos novos e mais produtivos diariamente.

Como diz Newman, "é positivo porque diz respeito a ajudar profissionais que já têm um bom desempenho a subir na curva rumo a um excelente desempenho." Assim, liderança positiva é "o novo caminho para ajudar as empresas a alcançar resultados altamente sustentáveis no ambiente de trabalho moderno".

Conversamos com Newman em Madrid. Ele começou falando sobre o desaparecimento das noções tradicionais de vantagem competitiva.

Você fala sobre uma nova fonte de vantagem competitiva. Pode nos explicar?

Da forma como eu vejo, os tipos tradicionais de vantagem competitiva não são mais sustentáveis. A vantagem de um produto ou serviço – digamos que sua empresa entregue produtos melhores do que a concorrência – não dura mais, e até as vantagens de informação, em que sua empresa obtém informações melhores mais rápido que a concorrente, também não duram.

Há uma nova fonte de vantagem sustentável para as empresas: a *vantagem comportamental*. Isto é, se você criar uma empresa em que os funcionários são capazes, literalmente, de pensar e agir melhor que a concorrência repetidamente, terá uma vantagem incrível. Algo difícil de atingir, mas ainda mais difícil de copiar. Apesar de a liderança ser comumente tratada como um conceito elevado reservado a poucos, do meu ponto de vista ela se resume a comportamentos concretos que acontecem a cada momento. A liderança se mostra "no momento" – nas conversas diárias, reuniões, apresentações, negociações, conflitos interpessoais e sessões de debates e de resolução de problemas em que nos engajamos no ambiente de trabalho diariamente.

Então esse é o pano de fundo da liderança positiva. Ela trata de como podemos alcançar essa vantagem comportamental, melhorando nosso desempenho no momento.

Quais problemas ou desafios são enfrentados pela liderança positiva?

O principal problema que ela enfrenta é o comprometimento. Quando você analisa os números do comprometimento dos funcionários em pesquisas mundiais, observando-os sem distinção, apenas uma minoria (em geral, 20 ou 30%) é totalmente engajada. É claro que isso é ruim para o bem-estar deles e igualmente ruim para a receita da empresa.

Se você encarar a falta de comprometimento como uma "doença" organizacional e se o objetivo principal de qualquer líder ou gerente for curá-la, então, de certa forma, o líder gerente está falhando. Estamos falhando como instituição. Se os médicos tivessem uma taxa de sucesso de apenas 20 a 30% na cura das doenças básicas, ficaríamos revoltados.

Acho que a principal questão é: "O que a gerência e os líderes podem fazer para reverter a situação e atingir a vantagem competitiva?" A resposta é liderança positiva.

Defina liderança positiva. Você nos deu um ótimo contexto e nos explicou por que precisamos dela, mas do que se trata?

Comprometimento e desempenho no ambiente de trabalho não são coisas abstratas. São algo que acontece a cada momento. Para atingir altos níveis de comprometimento, para resolver o problema que acabei de mencionar, para ajudar os funcionários a pensar melhor no momento e para criar as condições para melhores desempenhos, alguma coisa tem que mudar.

A ideia é utilizar as descobertas da ciência e das pesquisas comportamentais a fim de apoiar e ajudar as pessoas em seu desempenho, bem como de ajudar os gerentes a criar ambientes onde isso possa ser feito.

Pela minha definição, a liderança positiva permite o mais alto comprometimento e o mais alto desempenho de três formas. O primeiro elemento principal é o que chamo de treinamento dos "caminhos da mente", e a ideia é literalmente repensar a forma como pensamos no ambiente de trabalho. A psicologia e a neurociência têm feito ótimas incursões ao circunscrever uma série de componentes que guiam a forma como pensamos, sentimos e agimos. Podemos chamar tais componentes de caminhos da mente. A ciência tem mostrado de forma bem clara que existem padrões, preconceitos e limitações cognitivas previsíveis que podem produzir comportamentos bem menos produtivos e eficazes do que poderiam ser. Nossa atenção se desvia e a tendência é chegarmos a conclusões sobre pessoas e fatos muito rapidamente; nós nos apossamos das nossas ideias iniciais e nos fechamos a informações e opiniões contraditórias.

Se conseguirmos compreender o que são essas limitações cognitivas, vieses e atalhos improdutivos, poderemos tratar deles por meio de um simples "repensar" que nos permite melhorar o desempenho com um pouco de tempo a mais. Esse é o primeiro elemento da liderança positiva.

Você pode dar um exemplo do seu primeiro ponto?

Sim. Um dos vieses mais pervasivos e perigosos é algo que chamamos de pensamento estreito e viés de confirmação. De modo geral, isso leva a pensamentos incompletos. As pessoas costumam desenvolver uma ideia inicial sobre como abordar o lançamento de um produto, ou como abordar uma situação em uma reunião em que há conflito, e acabam considerando poucas linhas de ação alternativas, contentando-se em buscar apenas informações que subsidiem a ideia que têm em mente.

No final das contas, isso as leva a um pensamento limitado, uma vez que elimina as considerações sobre as ideias que podem ir contra aquilo que estão pensando. Elas também tendem a agir de acordo com o pensamento inicial, sem analisar cuidadosamente o ambiente e outras possibilidades. Na verdade, tendem a assumir rápido demais a primeira ideia que lhes parece razoável.

Assim, como gerentes e líderes, nossa tendência é fazer perguntas tendenciosas e argumentar de uma forma que nos permita conseguir o que queríamos desde o início. Mas não temos consciência disso.

Trabalho com executivos e com alunos de mestrado para ensiná-los a mudar seu modo de pensar e a ser mais conscientes no momento certo, a fim de que possam se dar conta de quando cometem tais erros, antes que seja tarde demais.

Os caminhos da mente e o treinamento do nosso modo de pensar são os primeiros componentes da liderança positiva. Qual o próximo?

O próximo componente tem a ver com um ambiente positivo. Como podemos construir um ambiente positivo no qual as pessoas podem oferecer o melhor de si? As pesquisas mostram claramente que, quando a dose diária de emoções positivas em relação às negativas é alta, há um impacto profundo na qualidade do nosso comportamento – como pensamos, como nos comportamos hoje e assim por diante. No longo prazo, se uma pessoa consegue manter um índice alto de positividade o tempo todo, isso pode impulsionar recursos psicológicos como resiliência e até saúde física. Do ponto de vista da liderança, podemos trabalhar para ajudar os funcionários a reduzir o impacto das emoções negativas às quais eles estão expostos todos os dias ou até mesmo a convertê-las em emoções positivas, bem como mudar o ambiente para que, no todo, ele crie mais momentos de emoção positiva e menos de emoção negativa.

Isso é apenas uma das etapas da criação de um ambiente positivo. A outra tem a ver com mudar o paradigma do desenvolvimento: a ideia é minimizar o desenvolvimento de fraquezas e também ajudar as pessoas a identificar seus pontos fortes e usá-los no ambiente de trabalho. Quando as pessoas usam seus pontos fortes para trabalhar em tarefas desafiadoras, algo bom ocorre, pois elas criam emoções positivas e tornam-se mais engajadas. Ao contrário, quando as pessoas contam frequentemente com suas fraquezas para cumprir os desafios do ambiente de trabalho, isso as desgasta e as desmotiva.

A terceira etapa para a construção de um ambiente positivo é treinar os gerentes para compreender, em termos concretos, exatamente o que é bem-estar, como ele é integrado ao engajamento e ao desempenho sustentável, e o que um gerente pode fazer para aumentar o bem-estar no ambiente de trabalho.

Criar um ambiente positivo é o segundo componente. Qual é o terceiro?

O terceiro componente para atingir o objetivo é um conceito que desenvolvi, chamado *aptidão comportamental*. Uma pessoa pode querer melhorar o desempenho baseado na mudança comportamental, por exemplo, tornando-se uma ouvinte melhor, fazendo menos microgerenciamento, estando mais aberta às ideias dos colegas ou mudando a forma como lida com eventos negativos. A motivação e a intenção para realizar essas coisas são sempre boas, mas as pesquisas mostram que a maioria das nossas tentativas de mudar termina em falha ou tem impacto limitado. Começamos, mas nunca terminamos. Como aumentamos a probabilidade de ter sucesso em qualquer tipo de mudança de comportamento? A solução reside na aptidão comportamental.

Eu penso sobre isso da seguinte maneira: você não vai à academia por três dias e fica em forma. É a mesma coisa com o treinamento de comportamentos no ambiente de trabalho. Precisamos compreender o desenvolvimento profissional como um processo diário e não como uma tarefa eventual. Devemos pensar sobre o ambiente de trabalho da mesma forma como pensamos sobre a academia.

Uma reunião orientada ao conflito que você vai comandar amanhã de manhã ou as negociações que você terá com o cliente à tarde nada mais são do que os equipamentos de ginástica do ambiente de trabalho. Se tudo que você faz é ficar sentado olhando para os halteres, nada acontece. O mesmo se aplica ao âmbito profissional: se você não considerar suas reuniões, conversas e sessões de resolução de problemas como oportunidades para praticar e modificar seu comportamento, não ocorre melhora alguma. A ideia é que você pratique os comportamentos que quer aperfeiçoar. Há uma rica e vasta matriz de ferramentas e técnicas que podemos extrair da ciência comportamental para ajudar a aumentar nossas chances de fazer as mudanças comportamentais acontecerem no ambiente de trabalho.

O que seria um exemplo disso? Que tipo de coisas as pessoas realmente podem fazer?

Podemos pensar nos comportamentos atuais que já incorporamos como hábitos, mas que gostaríamos de mudar em certas situações. Há toda uma ciência sobre como os hábitos se formam e estudei isso no meu trabalho de doutorado. É possível explorar essa ciência e utilizá-la com técnicas simples que podem ajudar as pessoas a aumentar suas chances de fazer mudanças duradouras.

Há um sistema que foi criado para pensar sobre hábitos como um tipo de ciclo. Por exemplo, você quer se tornar um ouvinte melhor (e os seus colegas de trabalho também querem isso). Seu comportamento atual pode ser de sempre achar que sabe o que as pessoas estão dizendo e as interromper antes que terminem de expressar seus pensamentos. O que aciona esse tipo de comportamento? Talvez a pressão de um prazo, talvez confiança demais ou ego. Fatores diferentes podem acionar o comportamento para diferentes pessoas. E por que você faz isso? Há alguma recompensa. Talvez o comportamento economize tempo, afague seu ego ou lhe dê uma sensação de ser mais inteligente do que os outros. Conforme você repete tal comportamento, em um curto período de tempo, os gatilhos, o comportamento e as recompensas se tornam uma rotina, um modelo padrão ligado a um sistema de recompensas e a partes do processo de aprendizagem do cérebro.

Assim, para qualquer mudança que queremos fazer, temos de identificar o comportamento atual e traçar um plano para desenvolver o comportamento almejado. Para impulsionar a mudança, algumas vezes temos que criar gatilhos para o novo comportamento e também recompensas que nos incentivem a realizá-lo. Utilizando a ciência do hábito, podemos refazer as ligações dos comportamentos. Não é muito fácil, mas, com um processo estruturado para isso, as chances de sucesso aumentam bastante.

Você está dizendo que compreender e até mapear os nossos comportamentos são coisas que muitas pessoas não fazem?

Sim, é exatamente isso. Quando você se inscreve em uma academia de ginástica, o treinador vai lhe perguntar o que você gostaria de fazer. "Você quer trabalhar as pernas? Você quer trabalhar os ombros? Você quer trabalhar a força dos músculos do tronco?" Você respomde e ele, então, prepara um treino para você. Mas o programa de exercícios é só uma ideia. Você tem que ir à academia e realmente treinar nos diferentes aparelhos e exercitar os elementos do seu programa. Senão, nada acontece.

O que estou propondo, basicamente, vale também para o ambiente de trabalho. Se você tem a intenção de se tornar um ouvinte melhor, tem de identificar as situações que acontecem diariamente no trabalho nas quais você sente que não está sendo um bom ouvinte. Você precisa de um plano específico para colocar em prática, de modo que, quando estiver em uma dessas situações, em vez de surgir o comportamento de mau ouvinte, apareça a nova e melhor forma de ouvir. Quando você pratica o novo comportamento, ele acaba se tornando um novo hábito e você passa a *ser* um ouvinte melhor. Mas motivação e intenção, sozinhas, não fazem de você um bom ouvinte.

Nesse novo modelo que você está defendendo, quem faz o papel de treinador?

Há três grupos envolvidos. Primeiro, alguém tem que trabalhar com os indivíduos para ajudá-los a identificar quais comportamentos devem ser mudados e dar a eles as ferramentas para que possam fazer as mudanças acontecerem. Isso é só o começo. As pessoas de fato precisam praticar no ambiente de trabalho e, para praticar, é necessário haver um ambiente seguro, que estimule as mudanças. Esse é o papel dos gestores. Acho que eles têm a função fundamental de estabelecer a cultura em suas equipes ou em suas unidades, um *modus operandi* que diga "estamos todos mudando" ou "estamos melhorando constantemente".

Há treinamentos individuais e gerenciais que devem acontecer, e eu penso que deveriam ser realizados nas escolas de administração e nos programas de treinamento corporativo. Então há uma terceira função aqui, um elemento social. Se eu estou em um ambiente seguro e as pessoas com quem trabalho sabem que estou me esforçando para me tornar um bom ouvinte, elas podem ser auxiliares ativas apoiando o processo de mudança. Assim, socializando o meu esforço de mudança, é possível estimular uma forma positiva e saudável de pressão e um *feedback* favorável. Eu tenho aplicado, com sucesso, esse método de aptidão comportamental com alunos de mestrado e executivos, e projetei, em conjunto com Juan Humberto, um programa inteiro para executivos seniores em torno de tais conceitos. O programa funciona. As pessoas reconhecem que o modo como agem em momentos cruciais faz a diferença no seu sucesso, e o que elas realmente precisam é de uma forma de ajustar tudo isso. A aptidão comportamental atende a essa necessidade.

Nós falamos sobre liderança positiva com base em alguns elementos. Eles contemplam tudo? Existem mais elementos?

Sim, esses são os principais, mas há descobertas científicas por trás de cada um e também paradigmas de treinamento baseado em ciência por trás deles.

Vamos tentar contextualizar isso. Há muitas teorias de liderança. Como a ciência comportamental se encaixa nisso? De que modo ela altera a maneira como vemos o horizonte da liderança?

Ao longo dos anos, foram realizados muitos bons trabalhos sobre liderança. Várias pessoas estudaram os grandes pensadores dessa área, que propuseram diferentes estilos de liderança, de modo que temos modelos de liderança em diferentes níveis. Também há a liderança situacional, a ideia de que precisamos adaptar nosso estilo de acordo com a situação. Assim, você terá uma autêntica e duradoura liderança. Existe uma miríade de situações e modelos definindo *o que* a liderança é ou deveria ser e, em alguns casos, *como* praticá-la. O que está faltando é o que eu chamo de "ser capaz".

Acredito que os sistemas existentes fornecem ideias e conceitos úteis para as pessoas terem em mente quando pensam sobre o tipo de líder que querem ser e sobre os tipos de atividades de liderança que querem desempenhar no ambiente de trabalho. Mas, do meu ponto de vista, o verdadeiro desafio é que a liderança, basicamente, é uma atitude de momento. Isso é o que chamo de "momentos da verdade do líder". Então, quando você está em uma reunião às 9h30 da manhã e tenta persuadir alguém a se juntar aos seus esforços de mudança, talvez essa pessoa não goste de você e não queira ajudá-lo porque ele ou ela domina o processo que você está tentando mudar. Nesse momento, você deve tentar mostrar o seu estilo de liderança ou o sistema que você aprendeu. Se deseja utilizar a liderança situacional, você deve descobrir qual é a situação e o que vai fazer naquele instante como líder. Se você está desenvolvendo um estilo próprio, deve descobrir como aplicá-lo ou como colocá-lo em prática de maneira autêntica. Sua cabeça pode estar cheia das melhores práticas de liderança, e pode haver inúmeras combinações do que você deve fazer e de como fazer. Os pontos que você leu no último artigo sobre gestão podem ser conceitualmente úteis, mas nesse momento da verdade, às 9h30min, é a sua habilidade *de momento* para pensar e agir que vai determinar seu sucesso. Isso é o "ser capaz".

O que importa é ser capaz de ter, em tempo real, o comportamento certo para cada momento. Eu penso que esse é o ingrediente que falta no grande horizonte da liderança. Para mim, o debate da liderança é centrado em *o que* e *como*. O que os líderes deveriam fazer? O que faz um grande líder? Como você estabelece uma visão estratégica? Como você impulsiona as mudanças nas organizações? Quais são os passos a serem seguidos? O que está faltando é a parte do "ser capaz", e é aí que entra a liderança positiva, em especial a ideia de aptidão comportamental, porque, na minha opinião, liderança realmente acontece a cada momento. Você tem que ser consciente; você tem que trabalhar no ajuste de seus comportamentos para que tenha bons hábitos de liderança comportamental.

Nós podemos falar sobre o que é necessário para criar uma visão estratégica para sua empresa, mas aquela visão que você está tentando desenvolver e comunicar vai de fato ocorrer nas várias reuniões, conversas e sessões de resolução de problemas que terá com seus acionistas ao longo do tempo. Essas reuniões são os momentos da verdade que vão determinar se você pode, com sucesso, estabelecer uma visão coerente e fazer os outros aderirem a ela.

No entanto, se você não for consciente o bastante para ler os comportamentos que ocorrem no ambiente e ajustar seu plano e raciocínio, e se não for capaz de controlar suas emoções, permanecer calmo e com a mente aberta, as grandes ideias – *os quês* e os *comos* da liderança – não vão ocorrer.

Para mim, a liderança realmente ocorre nesses momentos, e a liderança positiva, em especial a aptidão comportamental, trata de como garantimos que nossos comportamentos sejam bem afinados a eles. Fazendo uma analogia com os esportes, pense no jogador de tênis Rafael Nadal. Mesmo quando Nadal está fora de posição na quadra, em uma situação difícil, seus comportamentos estão tão afinados que ele não só passa a bola para o outro lado, como quase sempre ganha o ponto.

Tal abordagem à liderança consiste em avaliar como podemos afinar nossas mentes, a forma como pensamos, sentimos, falamos e agimos, para que, quando estivermos fora de posição, nas situações difíceis que encaramos todos os dias no ambiente de trabalho, comportamentos vencedores sejam o nosso padrão, da mesma forma que o são para Nadal na quadra.

Você quer dizer que liderança positiva consiste em elevar o nosso nível de liderança para que possamos nos comportar de forma eficaz no momento necessário?

Sim, é isso mesmo.

Por causa da sua grande técnica e da enorme variedade de jogadas possíveis, o grande jogador de tênis também pode improvisar. Isso vale também para a liderança? Precisamos dominar o repertório básico?

Sim. É nesse aspecto que a ideia do treinamento dos caminhos da mente é tão importante. Na verdade, o que nós damos às pessoas é a compreensão dos diversos componentes que são, literalmente, a base de seu raciocínio e comportamento. Componentes como a atenção, que pode ser dispersiva, e a memória de curto prazo, que é muito limitada e na qual elaboramos todo o nosso raciocínio. A nossa memória de longo prazo é o que eu chamo de HD (*hard drive*), no qual armazenamos o registro do que aconteceu na última reunião com o cliente. Existem muitas limitações associadas a esses componentes, e tais limitações podem produzir vieses cognitivos. Por meio dessa compreensão e do treinamento desses componentes, nós nos tornamos mais capazes de agir adequadamente no momento necessário.

Essa habilidade de improvisar no momento necessário é a marca dos grandes líderes? Os líderes de sucesso fazem isso naturalmente?

Sempre surge o debate sobre os comportamentos inatos e aqueles condicionados, e em geral parece haver um pouco dos dois. Mas há pessoas cujos ajustes padrão para tais tipos de comportamento já são muito altos, e pode ser que elas tenham alguns desses comportamentos mais naturalmente do que os outros. Mas é possível aprender. No entanto, o importante é que todos compartilhamos os mesmos componentes da mente e, embora alguns tenham uma habilidade maior com certos componentes, estamos lidando com as mesmas limitações.

Assim, se alguém é um pouco mais atento ou consciente em seus comportamentos, isso não significa que tal pessoa não possa crescer mais. Ou seja, mesmo as pessoas que fazem essas coisas naturalmente têm a oportunidade de aprender que essas aptidões são seus pontos fortes, e devem ser usadas com mais frequência e de maneira mais criativa.

Você mencionou atenção. Você se refere à capacidade de prestar atenção, à habilidade de ler situações, à habilidade de realmente observar o que acontece ao seu redor?

A atenção é o principal ingrediente na liderança positiva para cada um dos elementos que citamos. Ela provém dos processos contemplativos, criados milhares de anos atrás e desenvolvidos como parte de práticas religiosas. Mas agora há evidência científica de que a prática da atenção, em especial a meditação voltada para ela, traz grandes benefícios: benefícios biológicos para o cérebro e benefícios comportamentais associados.

Isso é um ingrediente fundamental na liderança positiva, uma vez que, para agir bem no momento certo, para atuar na sua capacidade máxima nos momentos necessários, você deve ter consciência do que está acontecendo, estar focado e evitar distrações. No entanto, paradoxalmente, não se trata de um foco muito específico, pois, quando temos tal foco, perdemos várias coisas que estão acontecendo ao redor porque estamos focado demais em apenas uma.

A atenção é uma prática poderosa na qual você desenvolve um tipo de consciência concentrada em eliminar distrações, mas também é um tipo de observação aberta e que não julga. A ideia é que o gerente ou líder atento é mais consciente de si, está observando tanto o que ocorre em sua mente quanto o que acontece com suas emoções em um dado momento, sem deixar de estar muito consciente e bastante cauteloso em relação ao que está ocorrendo com as outras pessoas no ambiente.

A atenção nos permite perceber comportamentos preconceituosos e hábitos ruins à medida que eles surgem (o que facilita o treinamento dos caminhos da mente); também permite gerenciar melhor os negativos e ver com mais frequência os positivos (o que facilita um ambiente positivo); e ainda permite reprogramar mais facilmente os comportamentos habituais que gostaríamos de mudar para melhor (aptidão comportamental).

Você mencionou evidências de que isso é benéfico biologicamente e de outras maneiras também. Existe alguma evidência que sugira que os tipos de liderança positiva e de gestão que você está defendendo aumentam a eficácia individual?

Sim. Por exemplo, a atenção agora está sendo estudada pela ciência, que se empenha em verificar que efeitos ela causa nos indivíduos. O que estamos observando é um espessamento do córtex cerebral, alterações em certos tipos de sincronia nas ondas cerebrais que estão associadas à atenção e à consciência. Tais descobertas são fisiológicas. Existem muitas outras, mas também estamos notando mudanças comportamentais. Há estudos sendo publicados que mostram que crianças com cinco anos de idade que desenvolvem a atenção em suas tarefas na escola estão se saindo melhor em testes padronizados.

A atenção tem se mostrado útil também para aumentar a capacidade da memória de curto prazo, que é um dos componentes do caminho da mente que eu chamo de quadro branco, e uma memória ativa é fundamental para o raciocínio. Quanto maior a capacidade da sua memória de curto prazo, melhor seu poder de argumentação no momento necessário. Quando você está tentando descobrir como influenciar alguém naquela reunião das 9h30min da qual falamos, o número de argumentos que você pode desenvolver claramente em sua mente é maior se tiver mais capacidade de memória de curto prazo.

Os efeitos da nossa dose diária de emoções positivas e negativas também foram cientificamente estudados, e os resultados são bem claros. Quando se está vivenciando altos níveis de emoções positivas em relação às negativas, literalmente melhoramos a mente. Pessoas em "estado positivo" conseguem identificar mais oportunidades, são mais criativas, são melhores negociadoras e são mais eficientes ao trabalhar com outras pessoas. Inconscientemente, elas também são mais realistas do que as pessoas em "estado negativo", e isso permite que se recuperem mais rapidamente do estresse.

Esses são apenas alguns pontos, mas cada vez surgem mais pesquisas a partir da psicologia positiva e da ciência comportamental que se aplicam ao comprometimento e ao desempenho no ambiente de trabalho.

Podemos medir o impacto no resultado da empresa?

É mais rentável uma organização cheia de pessoas atentas e positivas ou de pessoas com comportamentos viesados? Ainda não chegamos a esse ponto, mas estamos falando de melhorar as capacidades básicas de pensar e controlar as emoções, bem como de agir no momento exigido. A ciência mostra que esses métodos melhoram o desempenho nos momentos adequados, e todas as nossas tarefas e projetos no trabalho são uma soma desses vários momentos. Aja da maneira certa no momento adequado e suas tarefas e projetos vão ganhar com isso.

Isso parece óbvio. Nós podemos ir além e dizer que, se quisermos agir melhor no momento apropriado, sendo mais atentos e tendo melhor capacidade de pensar, além de uma maior capacidade de controlar as emoções, essas capacidades vão se manifestar positivamente, resultando em melhores reuniões, melhores sessões de *brainstorm*, mais inovação, mais criatividade e mais avanços que todos associam com melhores desempenhos nas organizações.

O que você está descrevendo é a capacidade adicional da mente humana. Não espero que você quantifique de forma precisa, mas quanto de capacidade a mais você acha que o cérebro humano terá se for treinado dessa maneira? Estamos falando de 30% a mais de eficiência? Ou está mais para 60%? Quanto mais há para desenvolvermos?

Essa é uma questão muito importante. Na ciência, há uma grande discussão sobre se o cérebro é totalmente utilizado. Eu penso que a resposta curta, embora não direta, é que as limitações de alguns desses componentes da mente na cognição humana são bem graves. Se eu pedir para as pessoas tentarem se lembrar, em suas memórias de curto prazo, de uma sequência de 13 letras, normalmente elas vão responder entre duas e 10 letras.

Duas a 10 letras não é muita informação. Quando você considera a argumentação em cenários competitivos ou interpessoais como fazemos no trabalho, isso exige muito mais da sua memória de curto prazo. Digamos que eu entre em uma reunião e tente decidir rapidamente se devo competir com o colega que eu sei que vai dizer coisas negativas sobre mim na frente do chefe ou se devo deixar para lá e ser mais cooperativo. Existem muitos assuntos que precisam ser discutidos rapidamente. Se pudermos aumentar essa capacidade apenas um pouco, nossa habilidade de discutir tais assuntos será consideravelmente melhor.

Se sintetizarmos tudo isso que falamos, o que um gerente pode tirar de lição desta conversa?

Que ser tecnicamente bom no que você faz com certeza é importante, mas acredito que é menos importante do que a maioria das pessoas pensa. No final das contas, o sucesso sustentável de longo prazo dentro de uma organização depende da qualidade do seu comportamento: como você pensa e como você age nas situações diárias que enfrenta no ambiente de trabalho.

Do ponto de vista tradicional, o papel do gerente é produzir processos eficientes e mantê-los na linha de desempenho. As pessoas são as condutoras dos processos. Eu acho que os gerentes precisam migrar dessa posição de engenheiros, orientada a fazer processos mais eficientes e designar as pessoas para tais processos, a fim de que se vejam como arquitetos do comportamento.

O papel de um gerente é estabelecer as condições e o ambiente no qual os funcionários trabalham, e os gerentes deveriam projetar essas condições e ambientes para otimizar o modo como seus funcionários são capazes de pensar e de se comportar. Esse é um paradigma diferente que mantém o foco no desempenho e no momento em que determinado comportamento é exigido. Isso é liderança positiva.

CAPÍTULO
3

Entendendo as organizações

Há algo extremamente fora de moda nas corporações. Em uma época tolerante e ágil, elas são como enormes paquidermes. Mesmo assim, são os motores da economia e a fonte de emprego de milhões de pessoas. As corporações estão vivas e passando bem, gostemos ou não.

No entanto, algumas são mais saudáveis que outras. Christian Stadler, professor adjunto de gestão estratégica na Warwick Business School do Reino Unido, busca compreender melhor como elas podem e devem funcionar. Stadler é um perito em sucesso de longo prazo. Na última década, dedicou-se a investigar corporações de vida longa e o modo como crescem, adaptam-se e ganham sempre de seus concorrentes quando se trata de atingir vantagem competitiva sustentável. Stadler é autor do livro *Enduring Success: What We Can Learn from the History of Outstanding Corporations*, de 2011.

Vamos falar do seu livro, *Enduring Success.* ***Qual foi a ideia principal que o motivou?***

A ideia principal é que as empresas podem ter sucesso no longo prazo se elas forem conservadoras de forma inteligente. Isso quer dizer que elas não precisam descartar o que aprenderam em sua longa história, mas também não podem se apegar teimosamente aos seus métodos antigos. É uma maneira de trazer conhecimento novo de uma forma que se encaixe no que você já vem fazendo.

Fale um pouco sobre a pesquisa que fez para o livro.

A pesquisa começou em 2003 e incluiu apenas empresas europeias. Com um grupo de oito pessoas, identificamos empresas que tinham pelo menos 100 anos e desempenho melhor que a média da bolsa de valores, em um fator de 15 em um período de 50 anos. Optamos por esse período porque é impossível conseguir informações de períodos anteriores a ele na Europa, e decidimos focar em empresas grandes que estão na bolsa de valores porque isso nos permitia obter dados comparáveis. Identificamos apenas nove empresas que cumpriam os três critérios.

Para cada empresa, encontramos uma segunda que enfrentava desafios similares. O ideal era que fossem empresas do mesmo país, fundadas no mesmo período e que atuassem no mesmo setor industrial. Essas empresas de segundo nível, por assim dizer, eram empresas muito boas, porém não excepcionais. Elas tinham um desempenho superior à bolsa em um fator de 10 nesses 50 anos. As melhores empresas, mesmo que o critério fosse um mínimo de 15, tinham juntas um desempenho melhor que o mercado de ações por um fator de mais de 100 durante tal período. Então, usamos essas duas amostras, comparando-as e tentando descobrir o que separa as campeãs absolutas do segundo grupo de empresas sólidas.

Vocês descobriram quais eram os fatores?
Houve várias coisas com as quais ficamos bastante surpresos. Uma descoberta que nos surpreendeu bastante foi que inovação não é tão importante quanto pensamos depois de ler uma revista de negócios. Não significa que essas empresas, que são excepcionais, não inovem, mas isso não é algo que as distingue do segundo grupo, também composto por boas empresas. O que realmente diferenciou as melhores foi o fato de serem extremamente eficientes em usar ideias e novos conhecimentos desenvolvidos por elas mesmas. Isso foi algo que não esperávamos.

Que tipos de empresa estavam entre as nove com desempenho excepcional?
São empresas bem conhecidas. Por exemplo, Shell, Siemens, HSBC, Glaxo e Nokia. A Nokia pode ser uma surpresa, já que seus últimos anos não foram muito bons. Bem, ela tem melhorado, só não teve

uma boa divulgação nos últimos cinco anos. Também descobrimos, em nossa amostra, que houve anos em que as empresas top tiveram dificuldades, mas foram boas em reverter o cenário e, por fim, obtiveram sucesso.

Tome a Shell como exemplo. Se a Shell está na sua lista de empresas excepcionais, qual seria a empresa de segundo nível?

A BP (British Petroleum). É engraçado porque, quando começamos, em 2003, a BP estava muito bem e as pessoas nos perguntavam frequentemente: "Vocês não cometeram um erro aqui? A BP não deveria ser a empresa top em vez da Shell?" Os dados no longo prazo dizem que não, e, nesse período, a BP teve alguns anos muito desafiadores; hoje quase ninguém pergunta sobre isso.

Você mencionou conservadorismo inteligente. Poderia falar mais sobre esse tema, sobre o que é e como pode ser reconhecido?

Deixe-me dar um exemplo. Uma empresa que quase entrou na lista de empresas excepcionais foi a Daimler. Nos seus primeiros 40 anos, o seu desempenho estava alto e ela parecia muito bem, mas teve problemas e saiu da lista. O modo como as dificuldades da Daimler se desenrolaram nos mostra qual é o problema. Em meados dos anos 1980, a Daimler escolheu Edzard Reuter como novo CEO. Ele acabara de ser contratado para integrar o conselho da empresa, depois de ter trabalhado em uma empresa de mídia, a Bertlesmann. Ele chegou para trabalhar em seu primeiro dia dirigindo um Peugeot, o que não lhe garantiu uma boa recepção.

Reuter acreditava que a Mercedes não teria futuro se focasse apenas em carros de primeira linha. Por certo, novos desafios estavam a caminho, e ele decidiu que deveria haver uma fórmula completamente nova e radical para a empresa. Conseguiu convencer o conselho de que essa era a melhor alternativa. O CEO pediu demissão e Reuter assumiu, iniciando a implementação de uma estratégia conglomerada, que consistia basicamente em agregar empresas que não se encaixavam na Daimler e não se adequavam à sua cultura. Por exemplo, trouxe fabricantes de equipamentos de defesa para o portfólio da Mercedes. Se você trabalhasse para a Mercedes, você teria orgulho de produzir um dos melhores carros do mundo.

De repente, em um país que tem uma história muito complicada na Segunda Guerra Mundial, você se encontra trabalhando para um fabricante de armas. Você sentiria algum entusiasmo ao trabalhar com pessoas vindas da área de defesa? Se sentisse, ele provavelmente seria um pouco limitado. A ideia de que haveria grande sinergia entre as empresas não se adequava à cultura da Mercedes. Além disso, muitas das aquisições foram bastante caras. No quadro geral, a ideia de transformar radicalmente uma empresa, sem considerar de onde ela veio, não funcionou. Por fim, o diretor pediu demissão e a empresa acabou tendo o maior prejuízo da sua história pós-guerra.

Isso é o oposto de conservadorismo inteligente. Estamos falando de um fenômeno europeu, ou você acha que os mesmos princípios se aplicam ao resto do mundo?

Em seu livro *Built to Last*, Jim Collins e Jerry Porras analisaram empresas americanas nos anos 1990, e enxergamos similaridades e diferenças com nossas descobertas. Em parte, acredito que as diferenças existam porque o cenário nos diversos países é diferente. Em parte também, porque, no fim, toda ideia que partilhamos com o mundo exterior é, de alguma forma, moldada por tendências e ideias que estão no mercado naquele momento. Concordo com o livro de Collins e Porras quando se trata de ideias sobre liderança, por exemplo. Eles pensam, e eu também, que alguém oriundo de dentro da empresa, alguém que compreende o negócio em todos os seus detalhes, se sai muito melhor na posição de líder do que alguém de fora, alguém com ideias radicais. Esse é um ponto no qual estamos totalmente de acordo.

Há outros aspectos a respeito dos quais Collins e Porras têm uma visão muito mais radical, como é o caso da ideia de que a inovação é uma boa opção para as corporações americanas. Isso pode estar relacionado ao ambiente institucional dos Estados Unidos em comparação com a Europa e à forma como o mercado vê o valor futuro da empresa. A partir daí, há pontos que ganham muito destaque no livro de Collins e Porras e que são encarados de modo diferente por nós.

Por exemplo, eles falam muito sobre a importância de uma visão ampla e de todo o ambiente cultural que possibilita essa visão. Nós não achamos que a cultura seja um fator distintivo entre boas e ótimas empresas. Pensamos, no entanto, que a maneira como lidamos com a cultura quando estamos introduzindo mudanças é que faz a diferença. Para ter sucesso, você deve considerar a cultura anterior. Não pode simplesmente ignorar a antiga e fazer algo completamente diferente.

Recentemente, você escreveu um artigo na MIT Sloan Management Review chamado "Why Leaders Don't Need Charisma". Ele está ligado ao seu outro estudo. Você pode falar sobre isso?

Vamos voltar ao diretor do qual falamos antes: Edzard Reuter. Eu o conheci em 2001, quando tomamos um café em Berlim, e descobri que ele é um líder carismático como nunca havia visto. Conversamos por cerca de uma hora sobre seu período na Daimler. Se eu não soubesse que a estratégia criada por ele acarretaria o maior prejuízo de uma empresa da Alemanha pós-guerra, teria sido totalmente convencido de que essa era a melhor de todas as alternativas. Ele tinha essa capacidade de atrair as pessoas para uma ideia e convencê-las de que era o certo a fazer.

Por que isso é perigoso? Nesse caso, ficou claro. Mas o carisma pode ser algo positivo se a ideia der certo, porque líderes carismáticos conseguem levá-lo a lugares nos quais você está relutante a ir. O problema é que não há como saber se a direção indicada por eles é certa ou errada, e a tendência normal de analisar outras opções é facilmente superada quando somos influenciados. A situação fica ainda mais arriscada quando grandes erros podem se tornar um problema mais substancial. Por isso, geralmente é melhor – menos arriscado – confiar em alguém de dentro da organização, alguém que seja um verdadeiro membro da equipe e que garanta o engajamento e a participação de todos, do que em alguém que o leva a territórios desconhecidos.

O que você está dizendo é que há um fator extremo. Isto é, quando os líderes carismáticos estão certos, estão muito certos e são brilhantes. Mas, por outro lado, quando estão errados, podem estar, muito errados e provocar danos nunca vistos.

Exatamente. Don Hambrick, que tem pesquisado muito sobre equipes de gestão de ponta, fez um estudo no qual analisava os relatórios anuais e a participação do CEO no cenário. Ele comparava a bonificação do CEO com a de outros membros do conselho de administração, e procurava no relatório quantas vezes o CEO usava o pronome "eu" em vez de "nós". Essa foi uma forma de distinguir aqueles CEOs que são focados em si mesmos daqueles que não são tão narcisistas, e Hambrick descobriu, por meio de testes estatísticos, a mesma volatilidade e os mesmos extremismos que descrevi quando falei sobre líderes carismáticos.

Você pode apontar que características tornam carismático o CEO que você descreveu anteriormente?

É muito difícil apontar esse tipo de coisa, mas é quase como se você visse a luz. Ela fala sobre coisas que você ainda não pensou e, de alguma forma, acaba lhe provocando certo entusiasmo por uma ideia que normalmente não lhe interessaria. É impossível dizer com exatidão se essa é uma característica inata ou se a pessoa a desenvolve com o tempo. Reuter, por exemplo, tem um passado interessante. Seu pai foi o mais lendário prefeito de Berlim depois da Segunda Guerra Mundial, quando havia uma disputa para manter a cidade fora do alcance da União Soviética. Influenciado por ele, que morou na Turquia por um tempo para que Reuter crescesse por lá, ingressou no campo da política. Isso fez dele uma pessoa especial, mas em que sentido exatamente, não sei dizer ao certo.

Falamos um pouco sobre o lado negativo de líderes carismáticos. Quais as características dos líderes inteligentemente conservadores?

Em primeiro lugar, esses líderes são menos extravagantes. Acreditamos que sejam mais realistas. Entre os que conhecemos, quase todos eram homens da empresa, pessoas que não vieram de fora, mas que construíram suas carreiras dentro da organização. A maioria tinha muito foco e também algum conhecimento bastante específico. Um líder assim poderia ser alguém que começou como *trainee* de engenharia, por exemplo, e esse tipo de coisa realmente molda uma pessoa como gerente. Essas características se destacavam em todos esses líderes.

Há algum perigo ou lado negativo nesse estilo de liderança?

O que se pode temer é que alguém com esse estilo não promova mudanças radicais em uma organização. Uma das pessoas que entrevistei por duas vezes foi Cornelius Herkstroter, CEO da Shell em meados dos anos 1990. Bem, Herkstroter era um profissional especializado em finanças, e me pareceu ter uma personalidade um tanto seca. Mas o bom de ele ter se focado nisso, e de não tentar fazer tudo por conta própria, é que compreendeu algumas das limitações que acompanhavam o seu cargo. A empresa, naquela época, estava precisando de alguma espécie de mudança. Do início ao fim dos anos 1990, ela tinha ficado atrás da Exxon no retorno médio do capital empregado, que é um indicador importante nesse tipo de indústria. A Shell tinha em torno de 7%. A Exxon, normalmente, tinha por volta de 13%, portanto havia uma diferença grande. A empresa compreendeu que alguma coisa deveria ser feita.

Então, Herkstroter iniciou uma busca por fatos e começou a conversar com as pessoas que ocupavam cargos de direção. Tais pessoas começaram a falar com os profissionais dos níveis mais abaixo, descendo a hierarquia para descobrir qual era de fato o problema. É possível dizer que já se sabia qual era o problema: a organização era muito descentralizada, e qualquer prática de cortar gastos que se tentasse implementar nunca daria certo. Então, o principal problema já era conhecido. Mas, mesmo assim, ter essas conversas contribuiu para que as pessoas se conscientizassem de que alguma coisa precisava mudar.

Ele conseguiu fazer a mudança dar certo?
Conhecendo a Shell tão bem por ter passado toda sua carreira lá, Herkstroter pôde se envolver com todas

essas pessoas. Ele também entendeu que uma mudança estrutural de grande porte não era possível em uma organização como a Shell. Você não pode simplesmente centralizar tudo. Se o fizer vai quebrar a organização. Isso também tirava da Shell algumas vantagens, como ter uma relação próxima com os governos locais; o que é importante na indústria petrolífera, como você pode imaginar. Assim, em vez de introduzir mudanças estruturais radicais naquele momento, a empresa iniciou um programa de treinamento que era conduzido por três equipes em três locais diferentes, e muitos profissionais participavam dele para que se tornassem mais conscientes sobre como trabalhar de forma menos burocrática.

Bem, em 1999, o preço do petróleo caiu para menos de $ 10 por barril. Nesse período, Herkstroter havia se aposentado e a Shell tinha Mark Moody-Stuart como novo líder. E quando o preço do petróleo caiu para menos de $ 10 o barril, o que era excessivamente baixo na época, toda a indústria ficou em estado de alerta. Esse era o momento em que algo mais radical poderia ser feito.

Mudanças estruturais somente foram introduzidas após a organização se preparar por quatro anos – quando houve a oportunidade, por causa da crise externa, de fazer algo mais drástico. E, na minha opinião, isto os líderes inteligentemente conservadores fazem bem melhor do que os carismáticos. Eles fazem o que é viável, e não algo que acaba ficando emperrado em algum lugar dentro da organização; até porque não se pode forçar as pessoas a fazer algo que elas não querem.

O que os gerentes deveriam aprender com sua pesquisa e suas ideias?
O grande aprendizado é não tentar fazer algo totalmente novo. Preste atenção à história da organização e trabalhe com isso. Mesmo que seja legal ser a pessoa que introduz aquela mudança avassaladora, isso costuma ser associado a problemas e dificuldades. Ser um pouco mais conservador em um período no qual todos falam em inovação é, na verdade, algo bom e que rende dividendos no longo prazo.

Em ação

Organizações e corporações são amplas igrejas. Ethan Mollick é o epítome de um professor da escola de administração moderna. A palavra "eclético" não cobre todos os seus interesses e experiências. Ele é professor de administração na Wharton School.

Sua pesquisa tem como foco o modo como as ações de um indivíduo podem afetar empresas e indústrias. Também inclui os estágios iniciais de empreendedorismo e de financiamento coletivo, a maneira como comunidades de usuários se unem para inovar e os fatores que impulsionam o desempenho das empresas empreendedoras. "Um dos motivos pelos quais fui atraído para o ambiente acadêmico foi o interesse pela inovação, pelo historicamente fascinante e pelo lírico", disse Ethan. Seu site inclui uma seção de entretenimento sobre o efêmero, com detalhes dos cinco grandes redemoinhos permanentes do mundo, música das esferas e a garota mais beijada no mundo (você pode conferir em www.startupinnovation.org).

Mollick é o autor (junto com David Edery) de *Changing the Game: How Videogames Are Transforming the Future of Business* (2009). A conversa dele conosco começou no telefone, dentro do elevador, a caminho do seu gabinete na Wharton.

Entendendo as organizações **63**

Fale um pouco sobre sua carreira.

Fiz um trabalho obrigatório de consultoria em gestão na faculdade e então resolvi abrir uma empresa com meu colega de quarto. Depois de algum tempo nessa atividade, pensei: "Não faço ideia do que estou fazendo. Vou fazer um MBA e tentar descobrir." Durante o curso de MBA, percebi que ninguém parecia saber o que estava fazendo, então achei que deveria estudar isso. E foi o caminho que segui.

Minha pesquisa toda se baseia em inovação, empreendedorismo, novas tecnologias e de que forma isso influencia a maneira como as pessoas trabalham.

Você assume uma visão deliberadamente contraintuitiva. Um exemplo é o trabalho que escreveu sobre a importância dos gerentes intermediários.

Quando você fala com economistas e com sociólogos, percebe que eles são muito interessados em sistemas de larga escala, enquanto outras áreas acadêmicas focam em ação e sentimento individual. Eu me interesso pelo mundo entre as duas áreas, o mundo intermediário entre o macro e o micro. As coisas tornam-se confusas quando você começa a pensar sobre como as pessoas afetam os sistemas. Este foi o meu principal interesse: "Como as coisas acontecem quando as pessoas e as organizações interagem?"

E o negócio que você abriu com o seu colega de quarto? O que aconteceu com o projeto?

Ele era o elemento técnico, eu era o homem de vendas, e acabamos tendo muito sucesso. Se você usasse o site do *Financial Times*, o do *Wall Street Journal* ou o do *New York Times* no final dos anos 1990, aquilo que pedia seu nome de usuário e senha era o nosso software. Então, por um tempo, nosso trabalho impulsionava publicações online na Internet. Em 2006, a empresa foi vendida. Na verdade, foi uma experiência muito útil e interessante, e essa empresa nos fez muito bem.

Então você quis preencher os hiatos que havia no seu conhecimento?

Sim. Começamos a empresa durante o primeiro estouro da Internet. Eu estava na pós-graduação nos anos 2000, no qual o mercado girava em torno de imóveis e a Internet não fazia parte dele, e agora é uma loucura ver as *start-ups* fazendo a diferença. Naquela época, 1% da turma do MBA abriu empresas após a formatura; no último ano foram 7%, então realmente é uma área em ascensão.

Meu interesse era, na verdade, o empreendedorismo. Muito dos conselhos dados aos empreendedores são descritos como sabedoria acumulada por gerentes, sem muita informação para sustentá-los. Eu queria tentar descobrir o que estava acontecendo de fato. A sabedoria convencional está certa? Essa pergunta foi parte da minha motivação para pesquisar gerentes intermediários, os quais considero que não ganham atenção suficiente, e foi por isso que me dediquei aos jogos, no início, e que agora tenho estudado o financiamento coletivo.

Sua tese foi sobre inovações vindas do underground.

Ela se baseava em hackers e grupos de hackers. Então, nos agradecimentos, tive que mencionar pessoas com nomes como "Dildog" e "Big Boss", porque não sabia seus nomes verdadeiros, o que, de certa forma, não considero muito comum.

Qual é o ponto central de sua tese?

A razão pela qual eu quis analisar empreendedorismo e todos os tópicos pelos quais me interesso é entender como os indivíduos podem fazer a diferença. Sem dúvida, estou interessado no aspecto social – "Como se resolve a pobreza? Como fazemos a diferença para a comunidade?" –, mas no mundo corporativo, no mundo das empresas e das *start-ups*, como os indivíduos realmente fazem a diferença? Temos a tendência de ver as organizações como algo grande e engessado, mas, na verdade, há várias atividades inovadoras e interessantes acontecendo: as pessoas estão se organizando e resolvendo problemas. De que modo as ferramentas que temos tornam o trabalho mais interessante e dão às pessoas mais controle sobre elas mesmas e suas ideias?

Como você espera que o seu trabalho influencie executivos e pequenos negócios?

Meu trabalho envolve encorajar as pessoas a perceber que elas não são peças intercambiáveis. Compreender como os profissionais são diferentes e saber como usá-los pode levar a um grande sucesso. Nossa tendência é observar apenas pessoas como os CEOs, e tudo indica que eles, na verdade, não fazem tanta diferença em uma empresa. Em contrapartida, os gerentes intermediários são ridicularizados. A inovação não é vista como algo vindo de dentro da empresa. Todas as evidências mostram que ela vem de fora.

A perspectiva convencional sobre o que é uma empresa e quem de fato importa dentro dela parece presa em meados do século XX. As coisas mudaram, mas nós não atualizamos a gestão para lidar com tais questões.

Há algum indício de que a gestão está sendo atualizada? Muitas pessoas, como Gary Hamel e outros, estão clamando pela reformulação da gestão.

Eu passo muito tempo escrevendo trabalhos científicos e o mundo da ciência é sempre um pouco anticultural. Há empresas como a Zappos, que tem muitas maneiras diferentes de gerir sua organização. Há experimentos com transparência absoluta, e há uma abordagem que consiste em jogar o bebê fora com a água do banho. Como você muda a gestão? Ela tende a ser incremental, pois é muito difícil mudar grandes empresas.

A questão é como você pode fazer uma polinização cruzada, e eu acredito que a resposta está em como podemos utilizar a tecnologia para nos ajudar a fazer isso. As pessoas se unem e realizam coisas extraordinárias. Vamos fazer um teste rápido. Você pode adivinhar qual a porcentagem de empresas norte-americanas iniciadas com capital de risco que têm uma mulher como cofundadora?

Quinze?

Não, um número assustadoramente baixo: 1,6%. Quarenta por cento dos negócios americanos são dirigidos por proprietárias mulheres, portanto 1,6% é um percentual muito baixo. Se você acredita que as ideias estão em qualquer parte de uma organização, que estão em todos os lugares do mundo e no contexto socioeconômico, estamos fazendo um péssimo trabalho de exploração das inovações disponíveis.

E isso se aplica a gerentes intermediários?
Gerentes intermediários são como peças de uma máquina. No processo de reformulação da gestão, as pessoas tendem a não notar que todos os profissionais são valiosos. Como nós os usamos e os deixamos atingir seus melhores resultados?

Existe uma excelente citação dos anos 1990, feita pelo grande Tom Peters, que diz que gerentes intermediários são pessoas sem chance. Gestão, e gerentes intermediários em especial, têm péssima fama. Por que você acha que isso acontece?
Como são importantes, acabam ganhando má fama. Os gerentes intermediários têm a posição nada invejável de representar a gestão perante os trabalhadores, os escalões mais baixos da organização, e ainda precisam traduzir a política da alta diretoria, a qual não controlam, para as pessoas que vão desempenhá-la de fato. E da perspectiva da diretoria, gerentes intermediários representam as reclamações e as necessidades das classes mais baixas da força de trabalho, pois eles as traduzem para cima.

Para os empregados que trabalham abaixo dos gerentes intermediários, esses gerentes nunca têm recursos o suficiente e nunca têm o controle que gostariam de ter; e, para os diretores, nunca estão executando suas tarefas como robôs, como eles gostariam que fosse. O objetivo da organização é distribuir poucos recursos e pouca atenção, e os gerentes intermediários não têm controle nem sobre tais recursos nem sobre a atenção, então é uma posição bem complicada de se estar. Foi criada para ser odiada.

Que tipo de feedback você tem do seu estudo sobre os gerentes intermediários, CEOs ou diretores?

Alguns concordam, porém ainda há aquela tendência natural de as pessoas acharem que elas são diferentes. O engraçado é que existe um estudo muito bom, de Antoinette Schoar, do MIT, e Marianne Bertrand,[1] que analisa o impacto do CEO dentro da empresa. Basicamente, apenas 2% do desempenho da empresa é determinado pelo CEO, mas, se você disser isso a CEOs, eles nunca vão acreditar.

E qual é o próximo passo para a sua pesquisa sobre gerentes intermediários?

Eu tenho tentado entender como os indivíduos fluem pelas organizações. Imagine colocar rastreadores nos funcionários mais promissores recém-saídos da Wharton, pessoas que estão direcionadas para os principais cargos dentro de uma empresa. Temos feito um trabalho de avaliação detalhado sobre carreiras, observando todos os empregos que eles têm, quanto ganham em cada emprego e quantas pessoas gerenciam. A ideia é descobrir como as pessoas são promovidas, como se movimentam e por quais empregos estão passando.

Estou trabalhando com o meu colega da Wharton, Matthew Bidwell. Temos um estudo no qual observamos quando as pessoas sobem hierarquicamente nas organizações e quando se movimentam lateralmente. Descobrimos que o movimento lateral tende a estar relacionado a maiores salários, porém sem grandes responsabilidades. A maioria dos movimentos de carreira em direção ao topo da hierarquia acontece dentro das organizações, o que enfatiza a importância de acertar o momento e de promover as pessoas no ritmo certo, para que não fiquem frustradas e deixem a empresa. Também é importante garantir que sejam identificadas as melhores pessoas e que elas sejam recompensadas pelo papel que desempenham.

Tenho trabalhado ainda em projetos com jogos, que é uma área do meu interesse; tento compreender como eles podem ser utilizados para medir e também motivar. Isso tem sido abordado de diversas perspectivas, e acredito que há muito trabalho a ser feito nessa área.

Stew Friedman, da Wharton, escreveu o livro Baby Bust, *baseado em sua pesquisa sobre o que aconteceu com os ex-alunos dessa escola.*

Sim, ele fez isso comparando duas turmas. E o que fizemos foi pedir aos 36.000 ex-alunos que nos contassem o passo a passo do que aconteceu em suas carreiras. Tudo é muito interessante. Vinte e cinco por cento dos pós-graduados da Wharton têm interesse em empreendedorismo, mas apenas alguns querem fazer isso de imediato. É algo que ocorre mais tarde na carreira das pessoas. Suas carreiras são bem diversificadas e muitas coisas interessantes acontecem.

O papel do empreendedorismo na escola de administração sempre pareceu um pouco estranho, porque apenas 7% dos estudantes de MBA se aventuram em empreendimentos quando terminam o curso, um número ainda muito baixo.

Talvez metade da nossa turma de 360 alunos tenha participado de aulas de empreendedorismo. Se você perguntar a eles quais as chances de serem empreendedores dentro de cinco anos, todos responderão veementemente que serão empreendedores. Para muitos, esse é o objetivo de vida; no entanto, acabam recebendo ofertas de emprego da BlackRock ou de quem quer que seja, e fica mais difícil ser empreendedor e justificar essa decisão.

As pessoas finalmente chegam lá – de 20 a 25% da turma vai acabar no empreendedorismo – e, se você está trocando de carreira, isso pode lhe dar alguma confiança sobre o que fazer. Também acredito que há muito mais sobre empreendedorismo a ser ensinado do que as pessoas pensam, portanto vale a pena abordá-lo em um programa de MBA.

E o seu trabalho sobre financiamento coletivo (crowdfunding)?

Tenho interesse em entender a importância dos indivíduos e em compreender como a tecnologia e as ferramentas podem ser úteis nisso. O financiamento coletivo foi algo natural para mim, e na época que comecei a estudá-lo os Estados Unidos estavam aprovando leis que legalizavam o financiamento coletivo por equidade, em vez do financiamento por recompensas.

Fiz estudos com diferentes pessoas envolvidas com financiamento coletivo. Atentei para o fato de que esse tipo de financiamento não tende a ter muita fraude. Menos de 1% da quantia de dinheiro que entra nos grandes projetos de financiamento coletivo parece ser fraudulento, o que é surpreendente, uma vez que não há regulamentação alguma. Há alguns princípios da Internet bem interessantes em andamento.

Então, fiz um trabalho analisando quem faz financiamento coletivo e descobri que, sob vários aspectos, ele é mais democrático. Também analisei o que acontece no longo prazo com essas pessoas. Consegui demonstrar, com Venkat Kuppuswamy da UNC, que 90% dos grandes projetos de financiamento coletivo de sucesso tornam-se negócios que prosperam.

O financiamento coletivo é uma prática antiga, não? A construção da Estátua da Liberdade foi feita desse modo.

Exatamente. Na verdade, é até mais antiga. Nos anos 1700, todos os voos de balão eram feitos por contribuição monetária. Agora, essa tradição acaba de alcançar novas áreas.

Por que há tão pouca fraude em financiamentos coletivos? Tem a ver com o senso de comunidade da Internet e o prestígio inerente a ela?

Quem dera! A Internet é um lugar terrível e cheio de pessoas malignas. Acredito que o baixo número de fraudes, em grande parte, é devido a algo chamado Lei de Linus, assim nomeada em homenagem a Linus Torvalds, o inventor do Linux. A Lei de Linus diz que, com olhos suficientes, todo defeito é óbvio.

Se várias pessoas analisarem um mesmo problema, alguém vai conseguir resolvê-lo, e isso elimina a chance de fraude.

Deixe-me dar um exemplo. Houve um projeto fraudulento famoso, uma *start-up* que produzia carne-seca Kobe. Carne Kobe é uma carne muito sofisticada do Japão. A *start-up* estava cobrando algo em torno de $ 20 por um pedido de carne-seca, o que não é muito dinheiro, portanto as pessoas não ficavam preocupadas. Ela registrou várias contas falsas e contribuiu com várias páginas de discussão dizendo o quanto era maravilhosa a carne-seca Kobe. O projeto levantou algumas centenas de milhares de dólares rapidamente. Então, as pessoas começaram a entrar no site e dizer "Eu já trabalhei com a Kobe antes e toda vaca tem um número de identificação. Qual é o número de identificação que você está usando?" Outra pessoa disse "Ei, faço carne-seca e esse tipo de carne tem que ser feita com carne magra, e a carne Kobe é famosa por ser gorda. Como você lida com isso?" Outra pessoa disse "Ei, acabei de ler um artigo dizendo que quase 1t de carne Kobe foi importada para os Estados Unidos ano passado. Como você vai conseguir atender a todas as demandas?"

Com tais perguntas, começaram a surgir lacunas e finalmente o projeto desmoronou. Um capitalista de risco (*venture capitalist*) auxiliado por uma empresa de advocacia que fizesse uma auditoria não teria, necessariamente, descoberto isso, a não ser que ele conseguisse conversar com alguém que conhecesse a carne Kobe ou a carne-seca.

O interessante é que, com olhos suficientes atentos a essas questões, você pode reunir as pessoas certas para discutir da maneira correta. Você pode confiar em um perito ou na sabedoria de várias pessoas, mas tudo indica que o coletivo costuma se sair muito bem. Você se sai melhor com financiamento coletivo se mostrar um plano e se tiver um aval externo. Isso são coisas que capitalistas de risco também procuram.

Você está envolvido em todas essas áreas de pesquisa.
Sim. Eu não estou tentando estudar apenas a área que está na moda. Eu sou atraído para áreas sobre as quais não temos informação, sobre as quais muitas pessoas estão dizendo coisas que podem ou não ser corretas, mas que soam plausíveis, e tudo se resume à sabedoria convencional.

Há um plano mestre por trás do seu trabalho?
Sinto que quanto mais eu falo, mais disperso eu fico, e não menos!

Mas nós costumamos falar com acadêmicos que têm planos para os próximos 5 ou até mesmo 10 anos.
Quando olho para os centros acadêmicos de administração e para os periódicos, vejo que a Internet quase não é citada, exceto como ferramenta de pesquisa. O mundo do trabalho está mudando rapidamente por causa da tecnologia, e as nossas pesquisas residem aí. De certa forma, estou buscando as ideias em relação às quais estamos bem atrasados, sobre as quais há muitas coisas que precisamos saber mais para dar bons conselhos, e isso é o trabalho dos acadêmicos.

Apesar de estar interessado em construir uma teoria gerencial, estou mais interessado em entender como as coisas estão mudando. Como podemos melhorar a vida de todas as pessoas que trabalham, aumentando a produtividade e o desempenho, bem como a habilidade de fazer a diferença no ambiente mundial? Estou interessado em uma teoria abstrata, mas acho que a teoria é a ferramenta para obter uma compreensão melhor sobre algo.

CAPÍTULO 4

Entendendo a vida profissional

Como é possível obter sucesso em uma organização? Anos atrás, em uma era corporativa cada vez mais distante, o caminho do sucesso exigia aptidão e uma competência constante, assim como uma grande dose de paciência. Ascender na hierarquia da corporação levava tempo, uma carreira inteira. Nessa época, uma carreira assemelhava-se a uma escada com promoções regulares que funcionavam como degraus. Esses dias não existem mais.

O que exatamente substituiu a escada da carreira não é tão claro. Às vezes, a vida organizacional moderna parece mais uma corrida de obstáculos. Os gráficos organizacionais são indicadores cada vez menos confiáveis sobre a realidade. A busca pela melhor maneira de organizar uma empresa levou os gestores a um desconcertante conjunto de estruturas. Novas formas de organização surgem com regularidade; a maioria impraticável ou volátil.

No começo, havia hierarquia. Um grego chamado Dionísio, o Areopagita, introduziu o conceito de hierarquia 1.500 anos atrás. Hierarquia significa, literalmente, "governar por meio do sagrado". Dionísio – que não devemos confundir com o deus mitológico amante dos vinhos – disse que o paraíso era organizado hierarquicamente. Mas, com o passar do tempo, a fonte desse conhecimento se perdeu. Ele também argumentava que a estrutura celestial possuía exatamente nove níveis: Deus era o CEO, os arcanjos atuavam como gestores de alto nível, e Jesus Cristo estava em uma posição à direita de Deus. De acordo com o Areopagita, o inferno também estava organizado de forma hierárquica, com nove níveis. No entanto, toda a estrutura estava de cabeça para baixo, com o purgatório como principal agente motivador para subir os degraus.

A hierarquia continua atrelada à vida organizacional, apesar de a relação entre as duas ser um pouco diferente hoje. Jack Welch, o antigo CEO da GE, disse uma vez que a hierarquia pode ser representada por uma organização com "a cara voltada para o CEO e o traseiro virado para o cliente". Uma visão talvez bem familiar.

A hierarquia não é mais considerada a melhor forma de gerenciar, assim como a posição hierárquica não é mais suficiente para proteger um líder incompetente. Estabilidade, ou seja, a capacidade de se manter em um cargo, agora é considerada menos importante. A vida profissional no século XXI, na verdade, é carregada de incertezas e complexidades, em igual nível. Então, como contornar os obstáculos organizacionais deste século?

Monika Hamori é uma das melhores guias para conduzi-lo por esse moderno labirinto da vida profissional. Nascida na Hungria, com um PhD na Wharton School, Hamori foi reconhecida, antes de completar 40 anos, como uma das principais professoras de administração do mundo. Como professora na IE Business School de Madri, ela foca sua pesquisa nas realidades do mercado de trabalho. Seus artigos para a *Harvard Business Review* têm mostrado por que jovens gerentes estão sempre procurando outros empregos, ilusões de carreira comuns, e o caminho para trabalhos mais seniores. Também tem pesquisado a respeito do que ela chama de "a armadilha da experiência de CEO".

O que despertou seu interesse pela vida profissional?

Minha primeira pesquisa como estudante de PhD, em 2000, analisava o impacto que as empresas de busca de executivos exerciam nas carreiras profissionais. Naquela época, quase não havia pesquisas sobre esse tipo de empresa. Acredito que os pesquisadores achavam que elas não eram de fato importantes, mas isso não é verdade e, desde 2000, outros estudos também têm abordado esse assunto.

De modo geral, descobrimos que as empresas de busca de executivos têm um impacto positivo nas carreiras executivas, uma vez que atuam como mediadoras na troca de emprego. Elas conseguem negociar melhores salários para o executivo, por exemplo, em especial as que possuem maior prestígio.

O que você descobriu em sua pesquisa? Qual o impacto que caçadores de talentos e empresas de busca de executivos exercem sobre as carreiras?

Descobri que essas empresas têm mais chance de empregar seus executivos em companhias maiores e também mais admiradas; ou seja, com melhor reputação. Talvez isso aconteça porque elas são mais eficazes em representar as habilidades e capacidades desses executivos.

No entanto, o interessante é que também descobri que você não pode se valer dessas empresas de busca de executivos para todo tipo de mudança de emprego. Por exemplo, a probabilidade de elas movimentarem executivos de alto nível entre cargos muito diferentes é bastante pequena, e menor ainda a de mediar em movimentações para empregos com funções diferentes, indústrias diferentes ou divisões de produtos diferentes. Além do mais, é muito difícil um executivo mudar, digamos, do marketing para vendas por meio de uma empresa de busca de executivos. Essas movimentações são mais comuns dentro da própria organização.

O artigo original de 2005, "The New Road to the Top", que você escreveu com Peter Cappelli para a Harvard Business Review, *tinha como base essa pesquisa. Quais foram as principais descobertas?*

Nessa pesquisa, Peter e eu analisamos os 10 principais executivos das empresas listadas na *Fortune 100*, as 100 maiores empresas dos Estados Unidos, e comparamos a carreira deles em dois períodos distintos. O primeiro foi em 1980, um ano antes de uma recessão nos Estados Unidos, e o segundo, em 2001. Identificamos três grandes mudanças.

Primeiro, descobrimos que, entre 1980 e 2001, houve uma diversidade crescente na posição dos principais executivos. Em 1980, não havia mulheres ocupando posição de destaque entre os executivos, mas, em 2001, já representavam 11%. No entanto, a maioria das executivas ainda ocupava a assim chamada posição de segundo nível hierárquico. Em outras palavras, elas tinham muito menos chance que seus homólogos masculinos de se tornarem CEOs ou até mesmo presidentes de uma empresa. O mais provável era virem a ser vice-presidentes seniores ou vice-presidentes executivas.

A segunda tendência que encontramos foi em relação ao nível de escolaridade dos executivos. Comparado ao ano de 1980, os executivos de 2001 tinham mais anos de educação e muitos deles eram formados. Em 1980, 46% desses executivos tinham diplomas universitários; em 2001, eram 62%.

Também encontramos mudanças nas instituições educacionais. Entre 1980 e 2001, houve uma queda na proporção de universidades privadas, que não estão entre as mais prestigiadas (*Ivy League*), e um salto correspondente na proporção de universidades públicas.

Finalmente, a terceira tendência que percebemos entre os dois períodos está relacionada aos padrões diferentes de carreira. Como já era de se esperar, houve uma mudança no grau de apego desses executivos a suas organizações. Em 2001, havia menos executivos *lifers*, ou seja, os que iniciaram suas carreiras nas companhias que estavam liderando. Também descobrimos que os executivos tinham menos tempo de casa em suas atuais organizações. O número que, em 1980, era em torno de 20 anos de empresa havia caído para 15, uma queda significativa em um período de 21 anos.

Os executivos de 2001 tinham mais diversidade, mais educação e menos lealdade organizacional do que os executivos de 1980. Então você voltou a esse tema e atualizou o estudo, em 2014, com um artigo para a Harvard Business Review, escrito com Peter Cappelli e Rocio Bonet. O que a levou a isso?

Depois de 2001, houve um acontecimento marcante: a crise financeira de 2008, considerada a maior crise dos últimos 70 anos – desde a Grande Depressão dos anos 1930 – e também uma das mais duradouras. Queríamos ver como as carreiras dos executivos haviam mudado desde então.

O que você descobriu? As três tendências ainda continuam?

Sem dúvida, algumas dessas tendências continuam. Observamos ainda mais diversidade entre os mais altos executivos. Em 2001, tínhamos 11% de mulheres executivas em posições de alto nível nas maiores empresas norte-americanas, agora estamos mais perto dos 18%. Trata-se de um salto significativo. No entanto, infelizmente, ainda se vê boa parte delas em posições de segundo nível, isto é, ocupando cargos de vice-presidente executiva, vice-presidente sênior ou diretora financeira, bem como diretora de outras áreas da empresa. Dificilmente ocupam as posições de primeiro nível.

E quais as outras descobertas significantes dessa nova pesquisa?

A outra mudança é que a diversidade não vem apenas do aumento de mulheres executivas, mas também do fato de se ter mais executivos educados fora dos Estados Unidos. Cerca de 11% dos nossos executivos disseram que receberam seu primeiro diploma em outro país. Mas não espere muita diversidade de nacionalidades entre os mais altos executivos, pois quase 80% desses estrangeiros têm o inglês como primeira língua. Em outras palavras, eles vêm do Reino Unido, Canadá ou Austrália.

A diversidade continuou aumentando no período de 2001 a 2011. Ao mesmo tempo, outras tendências que havíamos observado entre 1980 e 2001 retrocederam, em especial a ligação entre os executivos e suas empresas atuais. Entre 2001 e 2011, em primeiro lugar, observamos que os executivos demoram mais a alcançar suas posições atuais, portanto o tempo até o topo aumentou, ao passo que a velocidade de promoção diminuiu.

Segundo, os executivos têm mais tempo de casa em suas atuais organizações do que tinham em 2001. Suas carreiras diminuíram o ritmo como resultado da crise e, mais uma vez, vimos que o comprometimento com as organizações aumentou. Isso pode parecer pouco comum, mas tal descoberta está em conformidade com o que outras pesquisas demonstram: em tempos de crise, é mais provável que as empresas promovam seus próprios funcionários do que busquem novos no mercado de trabalho.

Também é possível que as pessoas estejam mais inclinadas a ficar onde estão e menos inclinadas a abandonar o barco em uma recessão.

Sim, isso também acontece. Durante uma crise, é menos provável que os executivos arrisquem uma movimentação na carreira. Por outro lado, em termos de demanda, possivelmente as corporações não contratem pessoas de fora. Uma pesquisa publicada pela *CareerXroads* mostrou que a proporção de contratações externas cai durante os anos de crise. Caiu durante a crise de 2001/2002 nos Estados Unidos e, novamente, entre 2008 e 2011.

E quanto à educação? O que descobriu nessa área?
A tendência continuou. Observamos maiores níveis educacionais e mais graduados em ensino superior. Estamos diante do mesmo tipo de democratização das instituições educacionais que observamos entre 1980 e 2001. Não houve grandes mudanças. A tendência que iniciou nesse período permaneceu até 2011.

Se você tivesse de dar um passo atrás e caracterizar o cenário da vida profissional que vemos agora, como o descreveria em comparação com o que encontrou em 2001?
Existem duas características evidentes. Uma delas é que a incerteza está aumentando. Nos últimos 10 anos ou mais, tivemos duas crises financeiras: a recessão de 2001 e a crise de 2008. A segunda atingiu as perspectivas do mercado de trabalho para os funcionários da geração Y (aqueles nascidos após 1980).

Pesquisas sobre crises anteriores mostram que, se você começar sua carreira em um ano ruim, terá uma desvantagem significativa em termos de oportunidades de emprego, bem como de salário inicial ou nível salarial, e terá muita dificuldade em compensar tais desvantagens.

A segunda característica é que o mercado de trabalho é extremamente mediado. Por mediado, quero dizer que há cada vez mais intermediários no mercado de trabalho. No novo cenário de carreiras, esses intermediários vão mediar o encontro entre os indivíduos e as organizações que estão contratando. Há quinze anos, enviar seu currículo em resposta a um anúncio de emprego divulgado no jornal era o meio mais comum de se candidatar a uma vaga. Isso realmente não existe mais.

Hoje as pessoas estão encontrando empregos por meio de redes sociais como o LinkedIn ou talvez, em menor escala, por meio do Facebook. Os empregadores também usam as redes sociais para atrair e filtrar candidatos.

Que impacto o advento das mídias sociais teve nas carreiras?

Isso é um progresso muito interessante no cenário de carreiras, porque os sites de mídia social, como o LinkedIn, trazem novos vieses à maneira como as pessoas são contratadas pelas empresas. Se você fizer uma busca no LinkedIn por indivíduos disponíveis para emprego, verá uma lista como resultado da sua pesquisa. As pessoas que aparecem no começo da lista têm maior visibilidade com os empregadores e vão ganhar mais oportunidades de emprego. É interessante ver o que isso significa para as suas perspectivas de carreira.

Essa pesquisa incluiu somente empresas listadas pela Fortune 100. Você poderia aplicá-la a outras partes do mundo?

Esse estudo, em particular, está restrito aos Estados Unidos, mas, em outro estudo, analisei os empregos na Europa e nos Estados Unidos em nível de CEO. Pesquisei os CEOs listados pela *Financial Times Europe 500* e pela *Standard & Poor's 500* nos Estados Unidos. Nesse caso, poderíamos esperar grandes diferenças entre as carreiras desses CEOs, mas não encontrei diferença alguma que fosse significativa.

Também não encontrei diferenças em termos de padrões de mudança de emprego. Aparentemente, os CEOs europeus são ainda menos leais às suas organizações do que os CEOs norte-americanos. É muito provável que essa tendência se deva à representação das empresas do Leste Europeu na *Financial Times Europe 500*. Os dados mostravam que alguns CEOs russos recém tinham completado 30 anos. Os CEOs europeus mudam mais que seus pares norte-americanos. Algo que não se imagina.

Outra constatação importante é que os executivos europeus têm muito mais experiência internacional. Os executivos norte-americanos ainda tendem a passar suas carreiras inteiras nos Estados Unidos e a não se expor tanto a outros países como os executivos europeus.

Sua pesquisa permite avaliar quais empresas gerenciam bem as carreiras?

As empresas que gerenciam bem as carreiras são as que oferecem posições com maior diversidade geográfica e que alternam os indivíduos entre diversas funções. Grandes multinacionais, com muitas divisões, como a General Electric, podem proporcionar essas oportunidades de desenvolvimento de carreira.

Outra característica desse tipo de empresa é que elas podem oferecer aos indivíduos empregos com alto grau de responsabilidade. Três anos atrás, conduzi uma pesquisa entre funcionários jovens e altamente capacitados e perguntei quais eram as oportunidades de desenvolvimento de carreira que achavam mais importantes. O primeiro lugar ficou para os empregos de alto risco, isto é, empregos ou tarefas que demandam alto grau de responsabilidade, bem como empregos com responsabilidades bastante definidas.

Que lições os gerentes podem tirar de seus artigos na Harvard Business Review *e do livro que será publicado?*

Acredito que há três coisas importantes. A primeira é investir na própria educação e frequentar a melhor instituição de ensino que puder. Faça o melhor que puder para estudar em instituições de renome ou que têm alto prestígio, porque, apesar da democratização da educação da qual falei, estar ligado a uma universidade com excelente reputação faz a diferença. Nossa pesquisa mostra que os principais executivos listados pela *Fortune 100* ainda são provenientes das oito universidades norte-americanas de elite. O mais importante é que tal dado se confirma mais ainda quando se trata de posições de primeiro nível. Boa parte dos atuais CEOs e presidentes das empresas citadas pela *Fortune 100* são oriundos das instituições de elite dos Estados Unidos.

O que isso quer dizer? Simplesmente que, ao se formar, só parte de sua carreira será decidida por você. Se você vier de uma universidade da elite norte-americana, suas chances de se tornar CEO em 20 ou 30 anos são muito maiores do que se vier de outra instituição. Isso é ainda mais verdade para executivos que não construíram suas carreiras dentro da empresa, mas foram recrutados do mercado externo para assumir posições de alto nível.

O meu primeiro conselho é que você invista em sua educação em uma instituição de renome. Observamos que os executivos que se dedicam a uma escolha de carreira mais específica – finanças, jurídico ou gestão de recursos humanos, por exemplo – ascendem aos altos níveis executivos mais rapidamente. No entanto, é bem provável que não consigam alcançar a posição principal da empresa. Para o cargo de CEO ou de presidente, você precisa de uma experiência mais geral. Mesmo que os executivos com carreiras mais generalistas demorem mais para atingir altos patamares, esse tipo de experiência é necessário para alcançar um cargo de primeiro nível.

O segundo conselho é ser paciente e investir tempo em ganhar experiência geral. Notamos que, tanto em 2001 como em 2011, os executivos no topo das empresas mencionadas na *Fortune 100* não mudaram muito de empregadores: trabalharam para menos de três organizações. O terceiro conselho é alcançar um equilíbrio entre mudanças de carreira internas e externas. Não construa sua carreira apenas pulando de um empregador para outro.

Então as pessoas que estão nos níveis mais altos das empresas têm uma trajetória diferente na carreira, um caminho diferente desde o início?

Exatamente. Em geral, as pessoas ganham uma vantagem na largada em função da educação que tiveram. As que se formam em universidades de elite norte-americanas são representadas nas principais posições das empresas da *Fortune 100* de forma desproporcional. Sua educação, de fato, faz toda a diferença. Além disso, os executivos que ocupam posições de nível mais alto nas empresas começam a receber seu treinamento gerencial desde cedo: eles são movimentados entre funções, divisões de produtos ou localidades em estágios iniciais de suas carreiras. A probabilidade de se dedicarem a funções mais específicas é menor.

Eles mesmos gerenciam isso ou as organizações identificam o seu alto potencial? Eles são direcionados para uma trajetória de carreira diferente desde o início? O que você acha?

Sem dúvida, são as organizações que gerenciam isso. As maiores empresas identificam os maiores potenciais, e esses funcionários recebem mais oportunidades de forma desproporcional.

Isso é uma questão de os gestores escolherem pessoas com histórico acadêmico semelhante ao deles ou existe algum tipo de indicador de desempenho que mostra que eles farão um trabalho melhor que os outros?

Eu não sei dizer se eles são melhores ou piores líderes por personalidade ou por capacidade. De uma coisa estou certa: ao longo de suas carreiras, eles procuraram as instituições corretas – universidades de primeira linha e também organizações de primeira linha. O lugar onde você estudou e o lugar onde você trabalha podem empurrá-lo para o topo.

Nesse novo cenário de carreiras, não acredito que isso será menos importante. Na verdade, parece que será ainda mais importante do que é hoje.

Falei anteriormente das instituições do mercado de trabalho. Pense no LinkedIn. O LinkedIn permite a uma organização selecionar um candidato baseada no fato de ele trabalhar para uma empresa listada na *Fortune 100* ou na *Fortune 500*. Cada vez mais, pesquisas e conexões de empresas e candidatos são feitas pelo LinkedIn. Profissionais ligados às maiores empresas podem, portanto, ter ainda mais visibilidade do que tinham na época pré-LinkedIn.

E quanto aos headhunters?

Empresas de busca de executivos são tão importantes no novo cenário de empregos quanto eram há 15 anos. Talvez sejam até mais importantes. A minha pesquisa mostra que as empresas de busca também procuram, cada vez mais, por pessoas ligadas a empresas de maior prestígio. Alguns anos atrás, analisei os dados de pesquisa de uma empresa de busca de executivos. Um terço daqueles candidatos executivos estava trabalhando para as chamadas empresas de elite, corporações da *Fortune Most Admired List*, por exemplo. Assim, temos evidências de que a ligação com empresas de elite será ainda mais importante no futuro, e não menos importante.

Entendendo a vida profissional **89**

Fale um pouco a respeito da armadilha da experiência de CEO, descrita em outra pesquisa que você realizou.

Nessa pesquisa, observamos os CEOs das empresas mencionadas na *Standard & Poor's 500*. Cerca de 20% desses executivos já haviam assumido uma posição de CEO em outra corporação. Em outras palavras, eles já tinham experiência como CEOs. A pesquisa indica que essa experiência, a experiência específica de emprego, acabou prejudicando-os na atual posição. O título da nossa pesquisa, que foi publicada na *MIT Sloan Management*, é "The CEO Experience Trap" (A Armadilha da Experiência do CEO), e, pelo título, acredito que você já pode adivinhar o resultado. Descobrimos que a experiência prévia de CEO, na verdade, não ajuda no desempenho como líder da organização atual. Na verdade, os CEOs tiveram um desempenho pior do que seus similares que não haviam tido tal experiência.

Também tentamos esclarecer por que isso acontece e elaboramos três teorias, as quais foram abordadas por ângulos diferentes. Primeiro supomos que os CEOs experientes poderiam ter um pior desempenho em suas novas posições porque estavam assumindo empresas problemáticas, em outras palavras, empresas com uma situação financeira pior que a daquelas gerenciadas por CEOs inexperientes. Mas descobrimos que isso não é verdade. Não encontramos diferenças estatísticas significativas nos desempenhos financeiros dos dois grupos de empresas.

Depois, suspeitamos que os CEOs experientes poderiam ter um pior desempenho nas novas organizações porque estavam vindo de fora da empresa, enquanto que os CEOs sem experiência eram, em geral, promovidos internamente. Mas isso também não explica o desempenho pior dos CEOs experientes. Assim, não sabemos exatamente o que está acontecendo, mas o nosso palpite é de que, provavelmente, em suas novas posições, esses CEOs experientes estejam tentando usar as mesmas fórmulas que utilizaram nas decisões que tomaram em suas posições anteriores. Como o contexto é diferente da outra empresa, essas estratégias antigas não funcionam mais. Na verdade, elas prejudicam o desempenho deles nas suas organizações atuais. É por isso que chamamos essa situação de armadilha da experiência de CEO.

CAPÍTULO 5

Estratégia restaurada

Em *A Arte da Guerra*, Sun Tzu aconselhou "Concentre suas forças em defender pontos estratégicos; mantenha a vigilância durante a preparação, e não seja indolente." Também escreveu "Investigue a fundo a real situação, aguarde secretamente o relaxamento deles. Espere até que saiam de suas fortalezas, e então tome o que eles mais amam."[1] Há algo muito tranquilizador em relação às antigas estratégias. Elas não permitiam intervenção. Era preto no branco, conquistar ou ser conquistado.

O problema é que o mundo está cada vez mais cinza e sempre foi complicado. Para os líderes de empresas, as opções agora são globais e as decisões devem ser tomadas em um ambiente que muda rapidamente. O que fazer? A realidade é que os executivos tendem a ter uma abordagem ou estratégia específica, que eles repetem ao longo de suas carreiras.

Trabalhamos em um projeto com um executivo sênior que dividia sua carreira em ciclos de três ou quatro anos. Ele conseguia empregos – sempre em corporações de renome e em um nível sênior – e passava pelo mesmo processo em todos. Então, conforme seus resultados começavam a aparecer, seguia adiante. Ele era bem-sucedido, porém a sua abordagem era metódica, mais como uma fórmula do que como uma estratégia.

Talvez o que cause preocupação seja a ideia de que, nos últimos anos, a estratégia, de alguma forma, tenha sido negligenciada, uma vez que acadêmicos e outros passaram a se concentrar em tecnologia e inovação. Esse é um pensamento equivocado, pois, em tempos tumultuados, as organizações ainda precisam de estratégia. Na verdade, elas precisam mais do que nunca.

Construir, tomar emprestado ou comprar

Entre os que tiveram mais sucesso esclarecendo a força da estratégia e as opções disponíveis está Laurence Capron, professora no INSEAD, na França. Ela é coautora, com Will Mitchell da Toronto University's Rotman School of Management, de *Build, Borrow, or Buy* (2012). Com base em suas pesquisas e ensinamentos, Capron e Mitchel propõem o *Framework* do Caminho dos Recursos, que é construído a partir de três questões estratégicas:

- **Construir.** Os seus recursos internos são relevantes para desenvolver internamente os novos recursos que você traçou para o seu crescimento?
- **Tomar emprestado.** Você poderia obter os recursos desejados por meio de autorizações ou alianças com um parceiro?

- **Comprar.** Você precisa de uma relação profunda e ampla com seu fornecedor de recursos e necessita assumir o controle majoritário?

Conversamos com Laurence Capron no Campus Fontainebleau da INSEAD, nos arredores de Paris.

O que despertou seu interesse nesse assunto?
O ponto inicial foi a minha dissertação sobre fusões e aquisições (F&As), em que discuti como esses processos costumam diminuir o valor das empresas. Esse não era apenas o ponto de vista dos acionistas, mas também dos funcionários, e constatei que as F&As poderiam prejudicar as habilidades da empresa. Meu interesse, a princípio, centrava-se na dimensão em que as aquisições poderiam ajudar as empresas a adquirir novas habilidades para continuar a crescer e a sobreviver, e na frequência com que elas acabavam sem sucesso.

Comecei a desenvolver programas executivos em F&As na INSEAD. Ficou claro para mim que os executivos – líderes de F&As, desenvolvimento corporativo, e assim por diante – vinham ao curso com a ideia de que as F&As *eram* a estratégia para suas empresas, e eles só precisavam colocá-las em prática. Em vez de serem apenas uma ferramenta a mais, as F&As eram encaradas como a própria estratégia. Os executivos tendiam a não pensar se eles precisavam de F&As para alcançar o que pretendiam, se fazia sentido fazer uma F&A ou mesmo se havia alternativas: "Que tal uma associação com outra empresa (*joint venture*), um acordo de licenças, desenvolvimento interno ou empreendedorismo interno?"

Por isso, passei a ensiná-los a identificar quando não realizar uma aquisição e quando utilizar ferramentas alternativas. Então, é claro, a questão se tornou a seguinte: "Quando eu deveria realizar uma aquisição, em vez de utilizar outras ferramentas?

Assim, seguindo as ideias de Penrose, Prahalad e Hamel, tentei compreender melhor como uma empresa pode aumentar seus recursos e utilizá-los com sucesso. Fiquei bastante atraída por essa linha de pesquisa baseada em recursos e descobri que era extremamente perspicaz compreender uma corporação como um conjunto de recursos centrais. Na verdade, gostei muito da ideia inicial do trabalho de C.K. Prahalad, que afirma que esses recursos estavam presos em sua própria unidade de negócios e que até mesmo as corporações tinham dificuldades de acessar seus próprios recursos, suas inovações internas e sua capacidade de movimentar os recursos.

Muitas questões já foram levantadas a respeito das F&As; sobre elas diminuírem o valor das empresas em vez de aumentar, sobre os egos envolvidos e sobre como as pessoas não enxergam outras oportunidades. É interessante como as empresas ainda se entusiasmam com F&As.

Se olharmos para todo o processo com a devida diligência, desde a avaliação, adequação do portfólio, a precificação, a integração pós-fusão até o potencial aprendizado, a codificação e a criação de bons modelos, vamos perceber que é muito fácil cometer deslizes durante o processo. O que tem sido mais interessante para mim, já que desenvolvi projetos em empresas como a Cisco e a Monsanto, entre outras, é que até bons adquirentes podem tropeçar. Essas empresas desenvolveram boas práticas de F&As, mas, em algum momento, a organização é levada a fazer diversas aquisições, perdendo de vista o papel da inovação interna, a importância de obter um crescimento orgânico e de adquirir outros negócios; e ainda esquecem como deveriam equilibrar as alianças, as aquisições e o crescimento orgânico.

De fato acredito – e esta é a tese principal desenvolvida em *Build, Borrow or Buy*, que escrevi com Will Mitchell – que as empresas que selecionam seus modos de crescimento baseadas nas circunstâncias que enfrentam tendem a ter um desempenho melhor e a sobreviver, em comparação com aquelas que se especializam em um único modo.

Isso quer dizer que, mesmo que você seja um especialista em F&A, uma empresa que se torna muito boa em fechar acordos de aquisição e que depende do crescimento por meio de aquisições, em algum ponto vai ter um impasse, terá que dar um passo atrás, parar, dar sequência, e recomeçar o crescimento orgânico ou acessar novas habilidades por meio de licenças ou alianças. Nem todo parceiro externo valioso quer ser comprado. Eles podem, na verdade, querer começar um acordo colaborativo flexível. Portanto, para acessar as diferentes e valiosas fontes de inovação, é muito importante alternar os diferentes modos de crescimento.

O problema não seria que as opções de construir e tomar emprestado são entediantes, enquanto comprar é empolgante?

Sim, comprar é empolgante, sabemos disso. Assim, é muito tentador para um CEO optar por comprar. Sabemos que as empresas e seus líderes necessitam de uma forte disciplina corporativa para manter sua autoconfiança sob controle e evitar a empolgação com um processo de F&A. Mesmo as F&As que aumentam o valor da empresa devem ser complementadas com inovação interna e, com o tempo, devem misturar com eficiência as habilidades e os talentos internos com os externos.

Mas é difícil fazer as pessoas compreenderem a importância do equilíbrio, não?

Sim, é muito difícil porque, normalmente, os CEOs e os gestores não questionam o modo de crescimento. Se você sempre cresceu de um determinado modo e obteve sucesso, você apenas segue em frente do mesmo modo. Se as empresas obtêm sucesso em suas primeiras aquisições, elas continuam sem avaliar que, em algum momento, vão ficar sem capacidade de integração e com um pessoal cansado de filtrar, comprar e integrar novas empresas.

Esse equilíbrio é muito importante. Repito, é muito difícil para as empresas – não em nível intelectual, pois o *framework* de construir, tomar emprestado e comprar é bastante simples, mas em nível comportamental, político e emocional – considerar todas as suas opções em pé de igualdade. Os CEOs, por exemplo, se tiverem um histórico em engenharia, terão uma tendência a enfatizar a engenharia e a inovação interna. Se tiverem experiências em finanças, vão usar negociações para buscar soluções. O histórico realmente conta.

Há também as pressões. Os CEOs e as altas equipes de gerenciamento sofrem pressões internas e externas quando se trata de fechar acordos. Em termos de comportamento, não é fácil considerar as diferentes opções que você tem.

O que ainda vemos nas organizações é que as funções diferentes tendem a ser localizadas em níveis diferentes. Por exemplo, a equipe de F&A normalmente é bem próxima ao CEO e à equipe de desenvolvimento corporativo, mas a equipe de licenças ou a de alianças é colocada em níveis bem mais baixos. Na verdade, cabe ao CEO modificar isso e deixar todas no mesmo nível, ter a disciplina para dizer quando é melhor fazer uma aliança em vez de realizar uma aquisição com potencial de diminuir o valor da empresa.

Você está dizendo que, se eles estiverem interessados em estabilidade e desenvolvimento em longo prazo na empresa, devem buscar o equilíbrio?

Isso mesmo. As pressões de curto prazo favorecem a busca por excelência na implementação instintiva do modo de crescimento favorito – o que chamamos de armadilha de implementação –, em vez de incentivar os modos de crescimento alternativos disponíveis com base no conhecimento e nos valores da empresa, a natureza do recurso desejado, as características de mercado de tal recurso e o tipo de relação que se quer com um parceiro externo. Em geral, as empresas se especializam em um único modo ("mágico de um truque só") que garante a eficiência no curto prazo, mas, no longo prazo, elas passam por ciclos de construir, tomar emprestado e comprar de forma mais defensiva do que proativa.

Quando se considera empresas como Nokia, Blackberry e Dell, chega-se à conclusão de que todas as empresas enfrentam, em algum momento, a tensão entre explorar e tirar proveito: tirar proveito da condição central da empresa contra explorar e expandir seu núcleo. É muito fácil, quando se pensa em exploração, compreender as aquisições como solução para os problemas. Quando o negócio principal de uma empresa está sob ameaça, a tendência é continuar investindo em Pesquisa e Desenvolvimento (P&D), já que é bem complicado diminuir os investimentos nos programas de P&D para se reestruturar internamente e, ao mesmo tempo, iniciar uma série de aquisições não relacionadas. Como resultado, as empresas acabam com uma pasta de projetos muito fragmentada. O que se tem são pressões contraditórias.

Onde uma empresa como a Apple se encaixa nesse framework de construir, tomar emprestado ou comprar?

O interessante na Apple é que eles começaram focando em inovação interna. São muito orgulhosos de seus produtos e da sua cultura interna. A empresa é impulsionada pela inovação, e seu objetivo é fazer grandes produtos e se orgulhar deles. O mais fascinante sobre a Apple, apesar de sua forte preferência por inovação interna, é que ela conseguiu construir uma rede de parceiros fortes e combinou isso com aquisições educacionais focadas em domínios como software, propaganda móvel e serviços de mapeamento. Em geral, essas aquisições não são muito visíveis, porque não se tratam de grandes aquisições transformacionais. A Apple tem sido muito boa em combinar os três elementos.

Em sua opinião, quem mais faz isso?

Temos a Cisco como um bom exemplo. Ela se tornou uma máquina de F&A no final dos anos 1990. Mas, depois de 70 aquisições, ficou sem capacidade de integração, com as pessoas desmotivadas e assim por diante. Então, passou por um processo completo de reestruturação, a fim de colocar mais peso no empreendedorismo e equilibrar os três modelos. Se você observá-la em termos de estratégia corporativa, a Cisco tem alianças, aquisições e empreendedorismo.

Temos a L'Oréal também. De suas 28 principais marcas, 25 foram adquiridas. Mas o que mais chama atenção é que ela conseguiu alcançar crescimento orgânico a partir do momento em que adquiriu essas empresas.

Esse modelo funciona de maneira global?

É claro que, em algumas partes do mundo, como no Oriente Médio, as alianças entre grupos empresariais e famílias são mais importantes do que a aquisição de empresas. Tudo depende de quanto o mercado está desenvolvido para o controle corporativo. Se você estiver na região de Boston, onde existe um mercado forte para capitais de risco, para colaborações entre *start-ups* e assim por diante, pode ser mais fácil trocar ações e buscar acordos contratuais primeiro.

Além disso, há barreiras regulatórias. Para entrar em alguns mercados, talvez seja preciso um parceiro local. Esses são os fatores contextuais que podem influenciar o cenário.

Não importa onde você esteja, o ponto inicial é que o CEO tenha uma estratégia clara. Na verdade, o hiato que tentamos preencher é em relação à seleção desses modelos e ao equilíbrio entre eles.

Em sua opinião, os CEOs têm uma estratégia?

Espero que sim! Eles podem ser impulsionados por oportunidades, mas, em grandes companhias, há processos para revisar suas estratégias. Portanto, pelo menos sabemos que as empresas são equipadas com processos de planejamento estratégico. Os CEOs costumam respeitar tais processos? Isso varia muito.

Descobrimos que, quando os CEOs sabem exatamente aonde querem ir e o que precisam fazer para sobreviver, em geral utilizam seus meios favoritos. O que tentamos ensinar com o *framework* de construir, tomar emprestado e comprar é a ideia de dar um passo atrás e dizer a si mesmo que, antes de pular para o modo favorito, seja ele interno, como alianças, seja externo, como aquisições, é preciso pensar cuidadosamente qual a melhor forma de crescer, evitando as principais armadilhas.

Quais são as principais armadilhas que você encontrou?

A primeira acontece na maioria dos casos em que há uma forte preferência por desenvolvimento interno. De modo geral, as empresas tentam primeiro experimentar internamente e apenas quando falham é que tentam de maneira externa. No entanto, se o atraso for muito grande, a organização não está em condições de desenvolver o que precisa e deve buscar soluções externas de forma mais rápida.

A segunda armadilha é aquela em que as empresas caem quando descobrem que o desenvolvimento interno não é rápido o bastante, ou adequado, e decidem procurar alternativas externamente, sem considerar as várias opções internas – desde licenças e alianças a empreendimentos conjuntos (*joint ventures*) –, indo direto para a aquisição. Elas acreditam que já perderam tempo demais e que a aquisição pode ser a solução mais rápida, um atalho.

Outra ideia enganosa é a de que, se você tiver controle total, terá acesso a todos os recursos. Grande parte das vezes, isso não é verdade. As pessoas se afastam, e o controle total nem sempre lhe dá acesso fácil aos recursos. No estudo que fizemos com 162 empresas de telecomunicações, 27% das empresas adquirentes conseguiram extrair o valor dos recursos da empresa comprada e 80% escolheram aquisições, em vez de alianças, para ganhar acesso exclusivo aos recursos desejados. O acesso aos recursos externos esbarra na vontade das pessoas de colaborar. Como cria certo trauma, o controle total por meio de F&As pode ser um impeditivo ao comportamento colaborativo.

A terceira armadilha é não considerar as questões pós-aquisição, principalmente a motivação das pessoas.

E agora, qual o rumo dessa pesquisa?

No momento, estou trabalhando para aplicar os conceitos de construir, tomar emprestado e comprar em empresas jovens. Com um colega dos Estados Unidos, Asli Arikan, estou rastreando empresas que abriram seu capital. Analisamos em torno de 4.000 empresas, o que aconteceu com elas e a probabilidade de fecharem seu capital. É interessante porque, ao final do quinto ano após uma IPO, 55% das empresas fecharam seu capital. Estamos tentando reavaliar a relação entre os tipos de seus programas corporativos de desenvolvimento e a probabilidade de fecharem o capital.

Descobrimos que empresas jovens que fazem muitas aquisições ou várias alianças nos cinco anos após uma IPO são mais propensas a fechar seu capital. Possivelmente, vão esgotar seus recursos para incorporar de maneira adequada o que compraram.

Mas também descobrimos que as empresas que insistem em se desenvolver internamente tendem a fechar seu capital. Assim, se você confiar apenas em desenvolvimento interno, pode penalizar uma empresa jovem que lançou ações na bolsa. De modo similar, uma empresa jovem que abriu capital tem de encontrar o equilíbrio entre confiar demais no desenvolvimento interno, que poderá ser muito lento para elevar a organização e acelerar sua inovação, e ter muita abertura, aquisições demais que podem prejudicar a empresa porque ela não tem competência e capacidade de sustentar um programa tão agressivo após uma IPO. A maioria delas, quando abre o capital, não tem experiência em aquisições. Elas tendem a ser jovens com pouca prática de desenvolvimento corporativo.

Assim, empresas jovens ainda precisam se engajar em afiliações, parcerias e talvez em aquisições focadas, além de aprimorar seu desenvolvimento interno.

Com uma doutoranda da INSEAD, Aline Gatignon, estou examinando empresas brasileiras sem ligações com grandes grupos empresariais que desenvolvem recursos de ponta, com destaque para o empréstimo, refletido nas alianças multilaterais entre setores, forjadas entre pessoas essenciais do meio.

E o campo da estratégia geral? Quando você ingressou nesse campo, nos anos 1990, havia muitas pessoas interessantes envolvidas com estratégia. Agora parece um pouco fora de moda.

Sim. Vejo dois ambientes diferentes. No ambiente profissional, o interesse em estratégia e desenvolvimento corporativo é enorme. Quando se trata de F&As, alianças e desenvolvimento corporativo, tais tópicos são importantes para qualquer empresa, porque elas enfrentam a digitalização, querem ter mais consciência social e assim por diante. Atingir uma vantagem competitiva ainda é o foco principal do profissional.

O mercado acadêmico é estruturado em torno de publicações, e não há muitos estudiosos focados no que chamamos de estratégia pura. Em certo nível acadêmico, as pessoas preferem se firmar em disciplinas como sociologia ou economia. O mercado da educação em administração precisa de mais relevância. Uma escola, como o INSEAD, tem de tentar conviver com essas forças contraditórias, fornecendo ensinamentos e pesquisas relevantes para as diferentes *stakeholders*, mas também dando atenção ao rigor e se mantendo aberta às diversas correntes de pesquisa, incluindo a abordagem baseada em disciplinas.

CAPÍTULO 6

A inovação hoje

Historicamente, a inovação tendia a ocorrer em dois lugares emblemáticos. O primeiro é o Vale do Silício, com suas *start-ups* de alta tecnologia: grandes ideias, alto astral, ambições de mudar o mundo e assim por diante. O lar mais tradicional da inovação é o departamento de Pesquisa e Desenvolvimento (P&D) da empresa – tecnologia, sabedoria e conhecimento concentrados em um único prédio recheado de ideias brilhantes.

Não é mais assim. Nos últimos anos, houve uma mudança nesse padrão. A inovação não é uma função da criatividade ou do tamanho do orçamento de P&D. Para acabar com as nossas metáforas, é cada vez mais difícil classificar ou controlar a inovação. De repente, as ideias brilhantes estão em todo lugar. Mas como encontrar as ideias certas?

O campo dos pensadores

No meio do tumultuado campo da inovação, identificamos várias pessoas cujos trabalhos se destacam por serem originais. Vale a pena acompanhar os seguintes:

- **Ron Adner.** Além de professor de estratégia na Tuck School da Dartmouth College em New Hampshire, Adner é autor do livro *The Wide Lens: A New Strategy for Innovation* (2012), aclamado como um guia de novos caminhos para inovar com sucesso em um mundo interdependente. Também é autor do artigo da *Harvard Business Review*, intitulado "Match Your Innovation Strategy to Your Innovation Ecosystem".
- **Erik Brynjolfsson.** Professor na MIT Sloan School of Management, diretor do MIT Center for Digital Business e pesquisador associado no National Bureau of Economic Research, Brynjolfsson estuda como os negócios podem utilizar a tecnologia da informação de maneira eficaz. Ele é coautor, com Andrew McAfee, do livro *Race Against the Machine* (2012).
- **Praisad Kaipa.** Coautor, com Navi Radjou, do livro *From Smart to Wise: Acting and Leading with Wisdom* (2013), Kaipa abordou em seu trabalho desde a pesquisa e os ensinamentos em física, na University of Utah, até o marketing internacional na Apple, bem como o ensino de educação executiva. Ao longo do caminho, criou a Self Corp e ajudou a fundar um instituto de empreendedorismo para a TiE (The Indus Entrepreneurs) em 2002. Em 2003, começou a trabalhar com a Indian School of Business em Hyderabad, focando em liderança com sa-

bedoria, inovação a custo baixo, ou frugal, e modelos de liderança, mudança e inovação de culturas mistas.
• **Max Wessel.** Membro do Fórum de Crescimento e Inovação da Harvard Business School, pensador devotado a desenvolver academicamente a compreensão do processo de inovação, Wessel tem conduzido uma pesquisa focada em desenvolvimento de produtos, em como as empresas podem se adaptar às mudanças nas condições de mercado e em identificar as tecnologias inovadoras. Está escrevendo, com Clayton M. Christensen e Scott D. Anthony, um livro sobre design de produtos, inovação e marketing de produtos novos. Aconselha várias *start-ups* iniciadas com capital de risco das áreas de Internet de consumo e de tecnologia limpa, e fundou uma empresa de Internet de consumo. Possui diplomas em economia e filosofia da Northwestern University e um MBA da Harvard Business School.

Inovação em escala

Membro do Fórum de Crescimento e Inovação da Harvard Business School, James Allworth tem um MBA da Harvard e trabalhou para a Apple e a Boozand Co. Seu trabalho é focado em tecnologia e inovação radical. É colaborador regular na *Harvard Business Review* e coautor, com Clay Christensen e Karen Dillon, do *best-seller How Will You Measure Your Life?*, de 2012.

Atualmente, Allworth mora em Palo Alto e é diretor de estratégia na já avançada *start-up* Medallia.

Como você explica o que faz e quem você é? Não é fácil classificá-lo.

Não é mesmo, mas, de certo modo, gosto disso. Se existe alguma coisa em comum entre tudo o que já fiz, é o fato de que corro atrás daquilo que realmente me interessa. Na verdade, nunca se tratou de um foco na indústria ou de um foco acadêmico contra o foco profissional, ou algo parecido. Tive muita sorte e também oportunidades de fazer coisas interessantes, e sempre que surge um problema ou oportunidade atraentes, não consigo me conter. Não importa o que seja. Se gostar, entro no projeto.

Isso tem ligação com seu trabalho na Booz, na Apple e em Harvard?

Sim. Quando terminei minha graduação, assim como muitas pessoas, não sabia exatamente no que estava entrando, mas me considerava sortudo por estar envolvido com consultoria de gestão. Trabalhar nessa área é uma ótima base para pensar sobre os grandes problemas empresariais. Enfrentei várias situações difíceis que consegui resolver enquanto atuava com consultoria, fiz trabalhos, desenvolvi estratégias e operações interessantes pela Austrália e pelo Sudeste Asiático, e pude morar na Tailândia, por um ano, e na Indonésia, por seis meses.

Depois da faculdade de administração, trabalhei por um tempo na Apple, o que foi fantástico. Fiz parte da equipe de varejo que analisou o modo como eram feitas as vendas para os clientes corporativos, e então pude trabalhar com Clay Christensen, o que não estava nos meus planos.

Por que você fez faculdade de administração? O que lhe atraiu?

Estímulo e curiosidade intelectual. Visitei Harvard antes de ser aceito e fiquei fascinado pelo campus, visitei as salas de aula, vi as pessoas conversarem no pátio, ouvi o que falavam. Ambientes assim são cativantes.

Fale um pouco sobre as aulas de Clay Christensen que você frequentou e que se provaram muito importantes.

A disciplina é chamada de "Building and Sustaining a Sucessful Enterprise" (Construindo e Sustentando uma Empresa Bem-Sucedida). É uma das disciplinas eletivas mais populares, e a ideia básica é de que em cada aula você aprenda algo sobre uma nova teoria, para depois discuti-la no contexto de um estudo de caso. É um pouco diferente das outras aulas da HBS, considerando que a maioria delas foca principalmente em estudos de caso. Essa é diferente, pois você foca na teoria, e o estudo de caso está lá apenas para fundamentar a teoria e ajudá-lo a discutir sobre ela.

Como você passou de aluno a coautor?

Clay e eu nos demos muito bem, e não sei se foi por causa dos meus antepassados australianos ou porque eu era um pouco ignorante e sempre levantava a mão e fazia perguntas difíceis. Imagino que vários professores não gostem disso, mas Clay simplesmente adorava. Ele me perguntava se eu não estava interessado em ficar um pouco mais e trabalhar com ele após as aulas.

O que você aprendeu durante o processo de escrever o livro How Will You Measure Your Life, *com Clay e Karen Dillon?*

Aprendi muito. Quando Clay falou comigo sobre o livro, e eu concordei, não sabíamos exatamente qual seria a minha parte; e o livro foi se desenvolvendo. Karen e Clay trabalharam juntos no artigo de mesmo nome que saiu na *Harvard Business Review*. Clay e eu conversamos sobre desenvolver algo relacionado ao marketing e, uma semana depois de eu começar, ele teve um AVC.

Para a nossa sorte, ele se recuperou totalmente, mas episódios desse tipo fazem você parar e pensar na vida. Acabei indo à última aula de Clay, na qual ele reúne todas as teorias e as escreve no quadro, acrescentando três perguntas: Como posso encontrar felicidade nas minhas relações? Como posso encontrar felicidade na minha carreira? Como posso ficar longe da prisão?

Certamente não sei todas as respostas, e uma das coisas de que realmente gosto na abordagem de Clay aos problemas em geral é que ele também não acha que sabe, mas tem um dom para fazer excelentes perguntas e também uma capacidade fantástica de olhar para uma pesquisa e descobrir se ela é causal por natureza. Isso quer dizer que, se você aplicar a pesquisa em campos diferentes, vai desenvolver uma percepção profunda das questões que está propondo.

Parte do encanto de trabalhar no livro foi que não era apenas uma oportunidade de dividir esses pensamentos, mas também uma oportunidade de pensar sobre eles no contexto da minha própria vida. E, é claro, aplicar as teorias, escrever sobre elas, passar um tempo trabalhando nelas com Clay e Karen, e impulsionar nossos pensamentos. Isso foi extremamente valioso.

Vinte anos atrás, era muito fácil apontar as pessoas que acreditavam na estratégia, diferenciando-as das que apostavam na inovação ou no empreendedorismo, mas hoje não podemos mais fazer isso. Pessoas como você desafiam a categorização.

Isso reflete algo em que acredito: as coisas mais interessantes acontecem nos limites das interseções entre campos diversos. O que me motiva a me dedicar e a escrever são, literalmente, apenas as coisas pelas quais me interesso e que me apaixonam. Quando você foca em coisas assim, fica fácil fazer um bom trabalho, escrever sobre temas que realmente envolvem as pessoas, propor ideias que acabam tendo um forte impacto. Sou um pouco generalista por natureza, e acho que há valor em ser assim.

Mesmo assim, é um grande salto de Harvard para Palo Alto.

Na verdade, é menor do que você imagina.

Fale um pouco sobre as ideias nas quais está trabalhando agora.

Uma coisa pela qual fiquei fascinado é a interseção entre motivação e estruturas organizacionais. Se pensarmos no mundo de 50 anos atrás, perceberemos que ele foi montado para otimizar as organizações, a fim de garantir que pudessem controlar o maior número de recursos possível. O tamanho era vital para chegar à vitória, seja no meio militar, seja no empresarial.

Se você pensar em como o mundo mudou, em parte devido à tecnologia, compreenderá que o tamanho não é mais, necessariamente, uma vantagem. As empresas vitoriosas não são as que conseguem comandar e controlar o maior número de pessoas; são as que conseguem atrair as melhores pessoas e extrair o seu melhor desempenho.

O interessante disso é que, na verdade, as estruturas organizacionais não se adaptaram a esse novo mundo. Há muito a melhorar na forma como as organizações são modeladas para tirar o melhor das pessoas que trabalham nelas.

Existe um bom exemplo que as pessoas gostam de comentar e que ilustra bem essa situação: a Valve Software, uma empresa de jogos com sede no estado de Washington. As pessoas contratadas na Valve ganham uma mesa com rodas. Ninguém pode dizer ao outro o que fazer, não existe chefe, não há hierarquia e você pode, literalmente, fazer o que quiser. E o interessante é que isso realmente motiva as pessoas. Elas não fazem mais as coisas porque foram mandadas ou porque se sentem obrigadas a fazer. Começam a fazer as coisas por uma motivação intrínseca. Ficam animadas com o projeto e optam por aderir a ele ou elaboram uma ideia, a vendem a outras pessoas na organização e as deixam empolgadas com o projeto. Portanto, completam o projeto impulsionadas por aquela satisfação intrínseca de concluir algo, fazer algo grandioso, de lançá-lo no mercado.

Isso é o que quero explorar mais. É muito interessante analisar como a tecnologia tem feito cada vez menos pessoas terem maior impacto mundial e investigar porque a maneira como as organizações são moldadas não evoluiu, com poucas exceções, para reconhecer essa mudança.

Mas não há uma corrente que diz que as pessoas não conseguem mais lidar com a ambiguidade em si ou estão historicamente desconfortáveis com ela?

As pessoas estão ganhando enormes recompensas para enfrentar problemas ambíguos nas organizações; ou seja, os impasses para os quais não existem respostas claras. As pessoas mais indicadas para enfrentar esses problemas são as que gostam de lidar com ambiguidades. Elas se sentem atraídas por problemas ambíguos, mal definidos e de difícil solução, e precisam de uma estrutura organizacional que lhes dê suporte, e não que seja um empecilho.

Você trabalhou com duas das indústrias mais estratificadas e tradicionalmente organizadas: consultoria em gestão e meio acadêmico.

Sim. É indiscutível que a consultoria em gestão é muito estratificada, ao menos em termos de títulos, mas, nas equipes em que trabalhei, isso sempre me pareceu bastante positivo. Nunca houve um momento no qual eu tenha sentido que o meu papel era ser visto e não ser ouvido. Era um ambiente no qual as pessoas eram encorajadas a se pronunciar.

No meio acadêmico é semelhante, mas uma das coisas que notei, ao trabalhar com Clay, é que ele acredita plenamente que todos que trabalham para fazer a coisa certa. A pergunta dele nunca era "Quando você vai acabar isso?", e sim "O que posso fazer para ajudá-lo a ser mais eficiente?"

Como você sabe, quando uma pessoa toma essa atitude, ela lhe dá poder, e com isso tende a obter o seu melhor.

Você falou de tamanho também. O conceito de tamanho está mudando?

Sim. Eu tenho um colega do Fórum de Crescimento e Inovação, Max Wessel, que me convenceu de que o tamanho está se tornando uma *commodity*.

Por exemplo, se você quisesse montar uma empresa digital 10 anos atrás, precisaria comprar servidores, obter locais de armazenagem e montar tudo por conta própria. Mas todo esse capital gasto se tornou gasto operacional.

Existem muitas organizações, como a Apple, que têm de fazer tudo elas mesmas, pois estão desafiando os limites, mas, para muitas organizações, o tamanho pode ser comprado. Você não tem que criar uma base na China, construir suas próprias fábricas e fazer tudo isso.

A versão tradicional de tamanho se tornou uma *commodity*, mas o que a está substituindo?

Em que nível você está colocando suas ideias em prática na Medallia?

Há sempre um equilíbrio entre pensar e fazer. No entanto, acredito que a amplitude à qual tive a sorte de ser exposto na pesquisa de Clay e a boa compreensão que tive dela me ajudaram muito. Ele alimenta muitas das discussões que tenho com as pessoas, e eu consigo usar isso nos projetos dos quais participo. Não acho que seria possível trabalhar todo dia sem confiar naquela pesquisa e em suas teorias, em maior ou menor grau.

Outro interesse curioso que você tem é sobre a ascensão dos veículos autônomos.

Isso vai muito mais além: como o mundo vai começar a mudar em decorrência dos veículos autônomos – drones e veículos autodirigíveis? Acredito que eles irão motivar uma mudança massiva, e há uma quantidade significativa de empresas que estão desenvolvendo projetos relacionados a isso. Conheci algumas delas e acho que o modo como o mundo vai mudar é simplesmente empolgante.

O que será muito interessante de ver é como muitos dos fabricantes de veículos vão se comportar quando esses veículos autodirigíveis forem lançados. Vivemos em um mundo no qual alguém que quer um carro sai e compra, e a taxa de sua utilização fica em torno de 10% ou menos, já que um veículo passa a maior parte de sua vida útil estacionado. Se os autodirigíveis derem certo, pensar em como o mundo mudará em consequência disso é fascinante. As taxas de utilização vão subir.

O transporte pessoal vai ficar mais parecido com a indústria aérea, na qual se tem poucos fabricantes. Os veículos vão se tornar *commodities* e é provável que restem apenas alguns fabricantes. As pessoas não se importam mais se estão voando em um avião da Boeing ou da Airbus, e será assim com os veículos no futuro também.

A questão então será: quem está mais bem posicionado para levar vantagem? É aí que me pergunto se uma UPS ou uma FedEx está realmente bem posicionada. Elas estão acostumadas a despender muito dinheiro para movimentar coisas. No momento, são apenas pacotes, mas me pergunto quanto trabalho a mais teriam para fazer o mesmo com humanos. Outra empresa na qual penso é a Uber. Por ora, eles são apenas um serviço motorizado, mas também estão gerando grandes quantidades de dados sobre padrões de movimentação diária, semanal e mensal, sobre onde os veículos são necessários, para onde as pessoas vão e de onde estão saindo. Eles anunciaram algo sobre financiar carros, e eu me pergunto se isso não é um passo em direção à aquisição de uma frota de carros autônomos no futuro. Isso soa como ficção científica, mas é nessa direção que estamos caminhando e é muito interessante lidar com os efeitos disso, perceber como o mundo está diferente.

E quanto ao Vale do Silício? Essa experiência tem sido estimulante?

Totalmente. Aqui há tantas pessoas legais fazendo coisas legais que é impossível ficar inteirado de

A inovação hoje **117**

tudo. Estou morando a algumas quadras da Stanford, e sempre tem algo interessante acontecendo por lá, seminários, entre outras atividades. Tenho a chance de conhecer pessoas incríveis trabalhando em projetos fascinantes. Sinto que esse lugar está mudando o mundo, e prestar atenção e ouvir mais sobre as coisas que as pessoas estão fazendo, além de ter a chance de participar um pouco das atividades, é o máximo.

Não há planos para o futuro?

Bom, o plano permanece o de sempre; enquanto as coisas estão interessantes e permaneço empolgado, aprendendo coisas novas e trabalhando com ótimas pessoas, o plano é continuar me dedicando. No momento, tenho muita sorte de estar na Medallia fazendo exatamente isso, e espero continuar assim.

A inovação do improviso

Inspirações para inovar vêm de lugares inesperados. Considere o que é chamado de inovação *jugaad* (inovação do improviso) e o seu principal incentivador, Navi Radjou. Membro da Cambridge Judge Business School, onde foi diretor executivo do Centre for India & Global Business, Radjou é coautor, com Jaideep Prabhu e Simone Ahuja, do livro *Jugaad Innovation: Think Frugal, Be Flexible, Generate Breakthrough Growth* (Jossey-Bass, 2012). E, com Prasad Kaipa, de *From Smart to Wise* (Jossey-Bass, 2013). Em 2013, ganhou dois prêmios Thinkers50: India Innovation Award e Innovation Award.

Você poderia explicar o principal conceito por trás da inovação jugaad?

A ideia por trás da inovação *jugaad* é a de oferecer uma alternativa ao modelo tradicional de inovação que prevalece no Ocidente. Se você analisar a abordagem dada à inovação em economias desenvolvidas, como Estados Unidos, Europa e Japão, nos últimos 50 anos ou mais, a fórmula, basicamente, é padronizada. Na verdade, há um grande investimento em Pesquisa e Desenvolvimento (P&D) e em laboratórios sofisticados de P&D. Levam-se muitos meses, às vezes até anos, para desenvolver algo que os pesquisadores acreditam ser um produto excelente. Mas muitos fracassam quando chegam ao mercado.

Só porque você investe em projetos caros de P&D, isso não o torna inovador, muito menos bem-sucedido. Tal fato se tornou ainda mais importante após a crise econômica de 2008, quando as empresas estavam com pouco caixa. Foi aí que começamos a observar diferentes modelos de inovação que poderiam ajudar as empresas a desenvolver novos produtos e serviços que fossem de menor custo e mais sustentáveis.

Acabamos direcionando nossa atenção aos mercados emergentes, a fim de buscar inspiração para esse novo modelo. Particularmente, olhamos com cuidado para a Índia, onde a economia é muito complexa e há carência de recursos. O que descobrimos é que, mesmo que haja falta de recursos nesses mercados emergentes, as pessoas são engenhosas.

Elas utilizam o que têm de sobra: a capacidade de invenção. *Jugaad*, de forma resumida, é o talento resiliente que as pessoas encontram para desenvolver produtos e serviços frugais que acrescentam mais valor com menores custos. Essas soluções frugais incluem um refrigerador feito de barro que não consome eletricidade, uma encubadora de baixo custo para bebês prematuros, um serviço de celular que permite que você envie e receba dinheiro sem ter conta bancária e um *outdoor* de propaganda que transforma a umidade do ar em água potável. E a lista continua.

Essa é uma nova abordagem à inovação que achamos muito simples e bastante sustentável. Também é muito ágil, porque você obtém produtos e serviços rapidamente, e ainda é inclusiva, porque você pode agregar valor a um segmento maior da comunidade, um segmento que, em geral, costuma ser marginalizado na economia.

De onde vem a expressão jugaad?

Jugaad é uma palavra punjabi, um dos muitos dialetos indianos. Ela descreve, literalmente, um veículo improvisado feito por aldeões com qualquer coisa disponível. É uma espécie de Frankenstein: a parte traseira do veículo é um carro de bois e a dianteira é um motor de trator. É uma forma de transportar as pessoas dos vilarejos para as cidades quando é necessário. Basicamente, é um veículo com essa finalidade feito com um conjunto de peças sobressalentes.

Então, *jugaad* é a capacidade não de reinventar a roda o tempo todo, mas de enxergar o que você tem ao seu redor e fazer o melhor possível a partir disso.

Existe uma palavra ou expressão equivalente em inglês?

Do it yourself (DIY) (faça você mesmo) talvez seja a expressão em inglês mais próxima disso. Nas ciências sociais, há um termo famoso introduzido por Claude Lévi-Strauss, o célebre antropologista francês dos anos 1960. O termo *bricolage* (bricolagem) tem sido usado por faculdades de administração ocidentais como um equivalente à "improvisação engenhosa". DIY ou bricolagem seriam os termos ocidentais para essa noção de *jugaad*. O Maker Movement (ou Movimento Maker), cada vez maior no Ocidente, representa esse engenhoso espírito do "faça você mesmo".

Jugaad é um excelente termo e o momento foi perfeito pelo que ocorria com a economia mundial, mas como você identificou as organizações que estavam inovando desse modo e descobriu como trabalhavam?

Foi uma interessante coincidência ou confluência de diferentes fatores e pessoas se unindo. No meu caso, comecei minha carreira nos Estados Unidos, no final dos anos 1990, como analista na Forrester Research, ajudando companhias ocidentais a se tornarem mais inovadoras. No começo dos anos 2000, passei a prestar atenção ao que estava acontecendo na Índia, em especial aos serviços inovadores oferecidos por empresas de serviços de TI (Tecnologia da Informação) como a Tata Consultancy Services e a Infosys.Como costumava ir muito à Índia, comecei a interagir com vários empreendedores e corporações inovadoras em cada visita.

Foi então que me aproximei do Tata Group, que naquela época estava começando a desenvolver o carro Nano no valor de $ 2.000. Para ser sincero, no começo não encarei o Nano como uma inovação devido ao modelo ocidental dominante de inovação em que fui treinado. Havia estudado na França, um país conhecido por sua inovação científica impulsionada por P&D, e tudo o que sabia sobre inovação era desafiado por mercados emergentes como a Índia, onde vi pessoas com poucos recursos capazes de desenvolver várias soluções inteligentes como o Nano.

A princípio, dispensei as abordagens e soluções indianas, como o Nano e coisas de baixo custo que não poderiam ser qualificadas como inovação, mas depois comecei a repensar o que significava inovação de fato. Percebi, então, que o mais importante em qualquer inovação é ela agregar mais valor às pessoas. Esse é o ponto principal, na verdade, e, olhando por essa perspectiva, muitas das soluções frugais desenvolvidas na Índia e em outros mercados emergentes agregam muito valor às comunidades locais.

Foi então que percebi a necessidade de formalizar essa abordagem frugal e flexível como inovação, porque um dos desafios dos mercados emergentes é que neles há muito conhecimento tácito ainda não explorado. Eles têm feito *jugaad* por séculos, se não milênios, portanto não veem o que há de tão interessante para ser estudado e compartilhado com o resto do mundo. Mas, no meu caso, como pesquisador com uma visão global, fiquei muito animado e pensei que isso era exatamente o que o médico havia prescrito para o nosso mundo restrito de recursos.

Quando comecei a estudar o fenômeno *jugaad*, ingressei na Cambridge University para dar início ao Centre for India & Global Business, em 2009, com o professor Jaideep Prabhu da Judge Business School. Nesse centro, pudemos estudar com rigor os novos modelos e práticas de inovação em mercados emergentes e trazê-los para o mundo ocidental. Jaideep se tornou meu parceiro nessa jornada. Rapidamente se juntou a nós a terceira protagonista, a Dra. Simone Ahuja. Simone é produtora de filmes e fazia um documentário sobre os fundamentos da inovação em vilarejos indianos, e eu era o consultor do seu filme.

Acabamos formando uma boa tríade. Com o meu passado em consultoria, trouxe experiência prática; Simone trouxe uma grande bagagem artística, como a habilidade de contar histórias e a sensibilidade em *design*; e Jaideep, o rigor acadêmico. Então reunimos nossas qualidades e escrevemos o livro *Jugaad Innovation*.

Parece um time dos sonhos. O que você descreveu sobre a inovação jugaad é típico da maneira como trabalham algumas pessoas da comunidade e pequenas empresas indianas. Mas você também percebeu esse tipo de abordagem em empresas grandes como a Tata? Elas usam a abordagem jugaad mais que as empresas ocidentais?

Exatamente isso. *Jugaad* é mais uma mentalidade do que uma metodologia, e esse estado frugal e flexível prevalece e se manifesta em todas as empresas, de todos os setores e de todos os tamanhos. É usado tanto por empresas sem fins lucrativos quanto pelas que visam lucro, de empreendedores de base em vilarejos bem pequenos a grandes corporações, como a Tata Group, e por subsidiárias de empresas multinacionais, como a Siemens e a Unilever, operando em mercados emergentes como a Índia.

Isso é basicamente uma característica indiana ou você a vê em outras economias emergentes? É algo que funcionaria no mundo ocidental?

Vamos falar do Ocidente em breve, mas *jugaad* é praticado em outros mercados emergentes com certeza. A África e o Brasil, em particular, são os mais próximos, assim como a China. Na África, eles chamam de *kanju*, e no Brasil se chama *gambiarra*. Os chineses chamam de *jiejian chuangxin* (inovação frugal). A China é comumente acusada de copiar as inovações ocidentais, mas hoje há um grande incentivo por parte do governo chinês para que sejam elaboradas inovações próprias inspiradas nas necessidades locais, o que agrega grande valor a custo baixo para os cidadãos chineses.

Jugaad também é utilizado na China para que os empreendedores e empresas locais possam desenvolver rapidamente novos produtos e serviços, sendo muito frugais e ágeis no modo como desenvolvem soluções. Além disso, é possível ver na África muitas abordagens *jugaad*, como usar uma bicicleta para recarregar o celular. O interessante é que mais multinacionais estão mudando drasticamente a maneira como inovam nos mercados emergentes, como na África, adotando esse tipo de mentalidade *jugaad*.

Poderia dar um exemplo?

O meu exemplo favorito é a IBM. Os pesquisadores de um laboratório novo da IBM, em Nairóbi, Quênia, estão fazendo algo fascinante que considero totalmente *jugaad*. É uma combinação de tecnologia de ponta com tecnologia simples. Eles reúnem dados de câmeras de baixa resolução que rastreiam as condições de tráfego nas ruas de Nairóbi e, depois, analisam esses dados usando algoritmos de software de ponta, de modo a prever engarrafamentos e otimizar a gerência de tráfego. A meu ver, é um exemplo fantástico de inovação *jugaad*, porque você pega recursos disponíveis – as câmeras de baixa resolução – e em vez de melhorá-los, o que seria caro, começa com o que tem e se pergunta o que poderia acrescentar; nesse caso, foram acrescentados os algoritmos desenvolvidos com eficiência e baixo custo pelo exército de programadores da IBM.

Essa combinação é uma ótima solução, muito mais econômica para os quenianos do que seria uma tecnologia de ponta.

Nas grandes economias ocidentais, vemos o conceito de *jugaad* decolando graças ao Maker Movement, que usa a impressão 3D e a filosofia DIY da área de tecnologia para criar e reutilizar nossos objetos. O meu palpite é que a revolução *jugaad* no mundo ocidental pode ser ainda mais eficiente em termos de tecnologia. Enquanto em um mercado emergente o movimento *jugaad* é mais simples, nas grandes economias ocidentais ele pode ser abastecido por essas tecnologias DIY emergentes, como a impressão 3D, que está se tornando democrática e mais acessível.

Conforme essas tecnologias DIY se tornam mais disseminadas e integradas com as ferramentas das redes sociais, elas vão fornecer uma plataforma para o cidadão expressar seu talento de maneira colaborativa. Entretanto, tanto nos mercados emergentes como nas grandes economias ocidentais, a filosofia *jugaad* é a mesma. Tudo se resume em despertar o talento de uma pessoa para improvisar soluções criativas, exceto que as ferramentas podem ser mais tecnológicas nas grandes economias ocidentais do que nos mercados emergentes.

De certa forma, já estamos vendo isso em alguns aplicativos, porque as plataformas da Apple e de outros fornecem uma tecnologia que permite a pequenos desenvolvedores usarem seus talentos para desenvolver produtos de baixo custo.

Sim, isso já está acontecendo. Os smartphones estão se tornando a nova plataforma para os empreendedores "makers" desenvolverem soluções de hardware mais acessíveis. Vamos analisar a CellScope, uma *start-up* oriunda da Berkely University, na Califórnia. A CellScope criou acessórios que você pode conectar ao seu iPhone e que convertem o smartphone em um otoscópio ou dermatoscópio. Se seu filho estiver reclamando de um problema no ouvido, você pode conectar o acessório no ouvido dele e ver se há uma infecção. Não é necessário ir ao hospital – o que poupa tempo – e o custo do acessório não chega nem perto do valor do aparelho mais barato utilizado por um médico. Daqui a alguns anos, acredito que os smartphones vão se tornar uma plataforma de hardware bem econômica para desenvolver todo tipo de soluções acessíveis nas indústrias que mais precisam, como as da área da saúde.

Muito interessante. Qual é o aprendizado que os gerentes podem tirar disso? Há lições que podem ser trazidas para as multinacionais e para as grandes empresas nacionais?
Primeiro, acredito que devemos retornar ao princípio de manter as coisas simples. No Ocidente, temos a tendência de tornar as coisas difíceis. Nossa filosofia atual de P&D é: "Por que simplificar se podemos complicar?" A primeira lição é que devemos nos afastar da mentalidade de precaução excessiva da engenharia e nos aproximar de uma engenharia precisa, que produz soluções boas o suficiente. Deixe-me explicar: é dito que muitos recursos dos aplicativos do Microsoft Office nunca são utilizados. Os engenheiros da Microsoft sobrecarregaram o Office com recursos que poderiam vir a ser necessários um dia,

mas nunca foram! Em vez de criar uma boa solução para os recursos que os usuários mais precisam, a Microsoft acabou produzindo esse Office gigantesco que é muito inchado, caro e complexo. Eles deveriam investir em uma abordagem mais precisa, perguntando o seguinte: qual é o mínimo de recursos necessário aos usuários para que eles possam extrair o maior valor do software da forma mais rápida possível? Então, focar cm entregar apenas isso, e mais tarde, incrementar o software adicionando mais recursos.

Você pode dar um exemplo disso?

O Salesforce.com é um grande praticante dessa abordagem precisa. Eles adicionam (ou retiram) recursos com base nas opiniões dos clientes em tempo real. A lição é a seguinte: não lance inicialmente uma solução muito complexa porque você vai alienar seus usuários. Comece com algo simples, econômico, ou bom o suficiente, e depois o melhore interativamente. Essa é a principal lição.

Algum outro aprendizado?

A segunda lição é, sem dúvida, sobre parcerias. Acredito que uma razão pela qual as empresas dos mercados emergentes são tão boas em inovar rapidamente e com custo baixo é que elas confiam muito em terceiros. Elas se aprofundam nas comunidades locais e criam soluções com muitos parceiros dali mesmo. As grandes empresas ocidentais acham que podem fazer tudo internamente.

Eu diria para elas se abrirem, abordarem os fornecedores e as comunidades locais e atuarem como criadores em conjunto, em vez de tentar por conta própria.

E a terceira lição?

O terceiro ensinamento da mentalidade *jugaad* é sobre liderança. Os líderes precisam criar espaço e tempo para os funcionários inovarem – um *playground* onde possam brincar. O Google faz isso bem. *Jugaad*, a meu ver, tem uma mágica infantil. Lembre-se de que o *talento* é algo *ingênuo*, implica inocência e sensação de encantamento.

Os funcionários conseguem elaborar as soluções inovadoras mais criativas quando não estão sob os rígidos processos e estruturas das empresas. Hoje, as grandes empresas são muito burocráticas, e a única forma de elas relaxarem essas regras é convertendo o ambiente de trabalho em um *playground*. Uma empresa que fez isso muito bem foi a Ford. Em Detroit, eles estabeleceram parceria com a TechShop, que fornece uma plataforma construtora usada para transformar um armazém em um grande *playground* aonde os funcionários podem ir em seu tempo livre (noites e finais de semana) e brincar com impressoras 3D e outras tecnologias DIY sem restrição alguma. Nesse *playground*, eles podem fazer qualquer projeto criativo que quiserem.

Por meio desse processo, os engenheiros da Ford conseguem ter ideias realmente inovadoras que não teriam dentro de um laboratório de P&D formal, no qual existem mais restrições. Graças a essa iniciativa, a Ford pôde aumentar a quantidade de ideias patenteadas em 50% e ainda reduzir seus gastos com P&D

em uma porcentagem significativa. Eles agora podem inovar muito mais por muito menos, literalmente.

Esse, na minha opinião, é o terceiro grande aprendizado: o *jugaad* acontece apenas em um ambiente descontraído. Quanto mais processos você tiver e quanto mais estruturado for o ambiente, mais a inovação se torna incremental. As pessoas dão apenas pequenos passos e estão sempre alertas. Mas, quando os funcionários ganham liberdade para pensar e agir como crianças em um *playground*, não ligam para as normas. Simplesmente brincam e tentam quebrar as regras. É assim que você alcança a inovação desordenada.

A inovação se tornou muito séria nas corporações. Precisamos reacender seu lado divertido. As empresas devem trazer de volta a magia e a diversão à inovação.

No que você está trabalhando agora? O que podemos esperar do caminho que está percorrendo?

Eu estou muito empolgado, pois estou trabalhando em dois grandes projetos e ambos tem a ver com *jugaad*. Primeiro, estou montando uma exposição patrocinada por uma grande empresa europeia. Trata-se de uma exposição que vai exaltar o talento humano na sua forma mais pura. Vamos mostrar que no mundo desenvolvido, assim como no mundo em desenvolvimento, os cidadãos comuns, os empreendedores e as empresas visionárias estão inovando de maneira frugal, flexível e inclusiva para desenvolver soluções acessíveis e sustentáveis que atendam às principais necessidades de nossas sociedades. A exposição vai acontecer em Paris e depois percorrerá o mundo.

Estou muito feliz de trazer esse tipo mensagem otimista às pessoas, para que elas possam ser inspiradas a usar o seu próprio talento para solucionar os problemas urgentes em suas comunidades.

O segundo grande projeto no qual estou trabalhando é um livro sobre inovação frugal, uma continuação de *Jugaad Innovation*, só que, desta vez, focando mais no mundo desenvolvido. O livro vai mostrar como até mesmo as economias ricas – Estados Unidos, Europa, Japão, Coreia do Sul, Cingapura e Austrália – estão adotando a inovação frugal para atender às necessidades dos cidadãos conscientes de seus gastos e preocupados com o meio ambiente.

Realizamos alguns estudos de caso muito interessantes sobre empresas que desenvolvem inovação frugal, especialmente na Europa, e isso é algo que me deixa perplexo. Passei os últimos 15 anos nos Estados Unidos e vi muitas das grandes ideias surgirem lá, como a inovação aberta. A P&G é uma empresa norte-americana que foi pioneira na inovação aberta em 2000. Mas, desta vez, sinto que a Europa está muito à frente dos Estados Unidos no uso da inovação frugal. Isso é emocionante para mim, pois sou francês e tenho coletado estudos de caso muito bons com europeus pioneiros na inovação econômica, como a Pearson, a Unilever, a Siemens e a Renault-Nissan; e a lista não para por aí. Estou realmente surpreso de ainda não ter encontrado alguma grande empresa norte-americana praticando inovação frugal, apesar de haver um número crescente de empreendedores nos Estados Unidos que já estão fazendo isso.

Esse fato me preocupa, pois admiro as empresas norte-americanas e tenho sempre visto a economia do país definir padrões por todo o mundo. No entanto, ultimamente, percebo que as empresas norte-americanas não estão pensando grande o suficiente. Sinto que elas se tornaram complacentes demais. Assim, acho que precisam tomar cuidado, pois podem estar ficando de fora da inovação frugal, uma grande tendência que está começando a emergir. As empresas norte-americanas, em especial as multinacionais, têm de olhar para o que está acontecendo não apenas nos dinâmicos mercados emergentes como a Índia e a África, mas também para o que eles chamam de a Velha Europa, que acredito estar finalmente despertando.

CAPÍTULO
7

Sustentando o futuro

As grandes questões do mundo estão interferindo nas empresas mais do que nunca. As empresas estão na linha de frente no combate ao aquecimento global e atuam em várias outras áreas. Responsabilidade Social Corporativa (RSC) não é mais um mero adorno decorativo, mas uma atividade central para muitas empresas.

A capacidade de os acadêmicos manterem-se atualizados com as mudanças nas organizações e com a evolução das prioridades dos executivos é questionada há tempos. Análise *post hoc* e racionalização são as prioridades do âmbito acadêmico. Como os acadêmicos lidam com assuntos como sustentabilidade e RSC? Eles deveriam se preocupar com esses assuntos? Ou deveriam deixar os fatos ocorrerem e então fornecer uma análise? Entre os que advogam e praticam uma abordagem intervencionista está Ioannis Ioannou, da London Business School.

"Várias tendências globais cruciais, incluindo a crescente falta de recursos naturais, a mudança climática e a enorme alteração demográfica em todo o mundo, combinadas com níveis crescentes de desigualdade de renda e uma mudança sem precedentes do consumo da classe média do mundo desenvolvido e para o mundo em desenvolvimento, estão alterando drasticamente o cenário competitivo mundial", disse Ioannou. "As organizações sustentáveis de sucesso serão aquelas que reconhecerem as mudanças tectônicas atuais e conseguirem de modo estratégico e único, integrar as questões sociais e ambientais em seus modelos de negócios, suas culturas corporativas e suas estratégias. São organizações que poderão gerar sinergicamente valor econômico e social, enquanto permanecem sustentáveis dentro de seus domínios econômicos, ambientais e sociais."

Conversamos com Ioannou em seu abarrotado escritório na histórica London Business School.

Quando foi a primeira vez que você se interessou por essa área, e como se deu a evolução do seu pensamento?

Como acadêmico, você possui curiosidade intelectual, mas então há aquele momento em que descobre uma área, uma questão, um domínio que ecoa, e você diz a si mesmo que é nisso que gostaria de se aprofundar de forma mais detalhada. Em minha trajetória, analisei desde a teoria dos jogos à economia industrial, me dediquei à gestão, um pouco de tecnologia e inovação, e depois passei a trabalhar com sustentabilidade.

Sou formado em economia, mas descobri que o currículo do curso é insuficiente para compreender as empresas. O movimento RSC chamou minha atenção porque é uma questão que, essencialmente, coloca o papel do negócio e da gestão muito além do domínio econômico em que costuma residir. Era um período em que as organizações estavam se engajando em outros domínios que não o econômico, mas, como acadêmicos, ainda tínhamos uma dificuldade enorme em compreender para onde se dirigiam e o que faziam.

A ascensão da RSC é uma oportunidade para os acadêmicos. Em geral, esperamos a ocorrência de um fenômeno e conduzimos investigações minuciosas, quase como peritos criminais: vemos os resquícios do que aconteceu e tentamos entender o fenômeno. Acredito que os acadêmicos têm um papel muito maior a desempenhar na compreensão desses fenômenos durante sua evolução ou enquanto estão ocorrendo, e não depois que acontecem.

Há um grande risco em desenvolver trabalhos sobre assuntos que não são considerados a corrente principal no meio acadêmico e tentar publicá-los. A sustentabilidade está evoluindo nesse meio, está de fato ganhando importância, uma vez que já existem escolas tratando do assunto como matéria curricular; há um centro de negócios e meio ambiente na Harvard Business School, e assim por diante. O que reflete a evolução da sustentabilidade como área de estudo. Isso não quer dizer que não há resistência, mas esse tema certamente não é mais desconsiderado ou olhado com desprezo como era 10 ou 20 anos atrás.

Há mais cobertura da mídia em torno da RSC, e muitas empresas fazem propaganda e a usam para fins de relações públicas – greenwashing –, no entanto, algumas estão de fato fazendo coisas interessantes. É uma mistura curiosa.

A RSC traz uma bagagem moral. Mesmo que algumas empresas façam apenas propagandas sobre o assunto, e concordo que há muitas assim, ainda é um assunto digno de explorar. Por que estão fazendo isso? Há algumas que não fazem propaganda? Se há, por que não fazem?

Como acadêmicos, não buscamos encontrar uma relação positiva ou negativa. Apenas exploramos o fenômeno e depois nos perguntamos se as nossas teorias de gestão atuais são suficientes para explicar o que observamos ou se deixamos algo escapar. Talvez a propaganda, o *greenwashing* e outras questões possam ser explicadas, mas se formos mais adiante e considerarmos que existem apenas três empresas no mundo que estão de fato tentando aplicar a sustentabilidade, as nossas teorias podem explicar como elas estão trabalhando e qual o impacto disso? Sabemos algumas coisas sobre *greenwashing*, mas ainda não acredito que entendemos como as empresas realmente integram as questões sociais e ambientais, qual o impacto dessa integração para as próprias empresas e qual seu papel mais amplo na sociedade civil.

Explicar algo que está em curso de uma maneira útil para um público de negócios e sem fazer a investigação minuciosa após o evento é uma grande mudança para os acadêmicos da administração.

Eu diria que sim. Isso deve ser feito com cautela, em diversas frentes. É preciso estar extremamente seguro sobre o tipo de dados utilizados e sobre quais limitações possuem. Também é necessário manter a integridade e gerenciar as expectativas. Esse aspecto pode ser erroneamente considerado uma defesa, em vez de um simples relatório sobre os dados analisados. Esse é um dos riscos, porém é um risco que vale a pena correr, desde que você o gerencie com cautela e de forma conservadora.

Em qual direção se encaminha a sua pesquisa?

Há um ou dois domínios. Um deles é o domínio da inovação: compreender se a inovação social ou ambiental é diferente da tradicional inovação tecnológica e, se for, de que maneira. Esse é um projeto em que estou trabalhando com George Serafeim, da Harvard Business School, e estamos tentando, basicamente, responder a estes questionamentos. Quais são os fatores motivadores de inovação ambiental? É o compromisso dos acionistas? São os prazos maiores que permitem tais experimentos?

Conversando com as pessoas sobre sustentabilidade, descobri que muitas acreditam que ela é um tipo diferente de inovação, um domínio diferente de problemas e, portanto, um domínio diferente de soluções. Fala-se em inovação inclusiva e assim por diante. Não há trabalhos suficientes explorando essa ligação especial – entre sustentabilidade e inovação – e tentando entender se há algo diferente.

No segundo domínio, estou trabalhando com meu colega da London Business School, Donal Crilly. Queremos entender o papel da cognição, compreender como os conselhos ou a alta diretoria pensam em sustentabilidade e desempenho financeiro. Na mente de muitas pessoas, desempenho social ou desempenho ambiental e financeiro são objetivos contraditórios. Elas veem uma situação de conflito (*trade-off*) entre os dois. Considerando que são objetivos contraditórios, perguntamos como os gerentes ou a alta diretoria percebem esses objetivos e como alguns deles conseguem conciliá-los e criar empresas que têm alto desempenho financeiro, social e ambiental.

O desafio é compreender a imagem que a empresa tem dela mesma *versus* a imagem que é percebida pelo público externo, e descobrir como isso afeta o desempenho econômico, social e ambiental. O plano de longo prazo é comparar rigorosamente a autoimagem da empresa na área de sustentabilidade, por meio de seus relatórios, com a forma como um analista de investimentos percebe o papel da empresa em uma determinada indústria.

Se a autoimagem da empresa sobre o que ela está fazendo nesse domínio está totalmente de acordo com o que os analistas pensam, pode-se esperar que eles a recompensem. Esse é apenas um exemplo de onde essa linha de trabalho pode ir. A questão mais ampla é a autoimagem da empresa e o seu entendimento das questões sociais e ambientais em oposição às expectativas do público externo naquela indústria específica.

Quando você conversa com os executivos, percebe que agora eles entendem essas questões de uma forma que antes não entendiam?

Em média, acho que sim. O que vejo o tempo todo é que há uma variação extrema. Há empresas que vão ignorar essas questões e empresas que vão tentar fazer o mínimo possível. Mas, cada vez mais, as empresas entendem que, no mínimo, devem buscar iniciativas eficientes. Muitas das iniciativas relacionadas à sustentabilidade (por exemplo, uso eficiente de energia e água) são redutoras de custos. Acredito que a média das empresas está caminhando nessa direção, embora a velocidade em que caminham seja discutível.

Uma das ideias na qual você está interessado é a da economia circular. Essa noção é muito ambiciosa para as empresas?

Não, eu não acho que seja. Não há dúvida de que as empresas devem ser ambiciosas, a fim de contribuírem em grande amplitude para resolver os problemas mundiais. Não é ambicioso quando a Unilever diz que quer tornar a vida de meio bilhão de pessoas mais saudável até 2020? Ouvimos falar de objetivos ambiciosos como esse quase diariamente. A economia circular fornece um caminho, baseado em ciência, engenharia e princípios de design, e por mais que seja ambiciosa, ela também nos mostra um caminho sólido para alcançar isso.

Com o desafio dos domínios sociais e ambientais, em termos de mudança climática, desigualdade e todas essas grandes questões que enfrentamos hoje, não penso que haja uma única solução, um único modelo de negócios que consiga resolver todas de forma mágica e automática. O que estamos testemunhando é um período de experimentos no qual estão surgindo e sendo avaliados novos modelos de negócios, produtos e serviços. Isso não significa que abordamos essas questões ou criamos modelos de negócios por puro luxo, mas por uma questão de necessidade, e acredito que cada vez mais esse será o caso.

Então o que o faz levantar da cama pela manhã? Qual a motivação? É janeiro, você está em Londres, indo para seu escritório na London Business School: qual é a sua motivação?

Gosto de fazer pesquisas e é por isso que escolhi esta profissão. Não importa se estou no meu escritório ou com meu laptop em uma Starbucks, o fato é que me sinto bem analisando dados e explorando questões interessantes. O resultado é recompensador: você aprende algo novo. Não quero filosofar demais, mas trabalho produzindo conhecimento, e descobrir por meio de pesquisa esse conhecimento a mais, mesmo que seja pequeno, é muito recompensador.

O futuro é circular

Uma das ideias que provavelmente vai moldar o futuro demonstra a natureza ampla, eclética e imprevisível dos novos negócios. O *2013 Breakthrough Idea Award* da Thinkers50, apresentado por Deepa Prahalad em homenagem ao seu pai, C.K. Prahalad, foi concedido à Ellen MacArthur Foundation por seu trabalho na divulgação da ideia de economia circular.

A economia circular consiste em um círculo virtuoso no qual, de acordo com um de seus autores, Walter Stahel, "os bens de hoje são utilizados como os recursos de amanhã ao preço de ontem". É um sistema que integra a recuperação e a geração de recursos como atributos fundamentais, e não como adicionais interessantes, porém opcionais. A economia circular desafia as corporações a pensar em termos circulares, e não lineares, sobre suas cadeias de suprimentos, processos de produção, fluxo de materiais e modelos de negócio, assim como sobre a vida de seus produtos.

É fundamental perceber que a economia circular não fala de *consumidores* de bens duráveis, mas de *usuários*. O argumento por trás da economia circular é que a economia linear, guiada por consumidores, é uma destruidora de valor em todos os estágios, seja pelo uso de energia e de outras matérias primas, seja por não ser reutilizável. A cadeia tradicional de valor perde valor em cada ligação.

A economia circular tem a intenção de separar o crescimento econômico das restrições de recursos como princípio. O fluxo de materiais é classificado de duas maneiras: materiais biológicos criados para entrar de novo na biosfera de forma segura, e materiais técnicos criados para circular em alta qualidade sem entrar na biosfera. De modo eficaz, os restos são projetados para fora do sistema e os materiais ou componentes que não são mais necessários em sua origem são "metabolizados" em outro lugar na economia.

Hoje o conceito de economia circular pode parecer ambicioso, talvez forçado demais, mas a história sugere que tais ideias desafiadoras têm o potencial de se tornarem reais e terem grande impacto prático. As ideias mudam o mundo.

O desafio para todos que fazem parte do mundo dos negócios é identificar a ideia que melhor pode ajudar eles mesmos e suas organizações.

Em círculos

Aos 18 anos, Ellen MacArthur velejou ao redor do Reino Unido sozinha. Mais tarde, foi a segunda colocada na 2001 Vendée Globe, regata solo de volta ao mundo, e, em 2005, quebrou o recorde mundial de circum-navegação solo.

Ela ainda se dedicou à navegação por alguns anos. No entanto, devido às suas experiências como velejadora, à sua visita à remota ilha da Geórgia do Sul e à sua sede por conhecimento, acabou fascinada pelos desafios econômicos e de recursos que a economia global enfrenta. Anunciou sua aposentadoria das regatas em 2009 e, em 2010, criou a Ellen MacArthur Foundation.

A fundação tem por finalidade acelerar a transição para uma economia circular, um modelo econômico diferente baseado em um círculo virtuoso no qual os bens de hoje são utilizados como os recursos de amanhã.

Encontramos com a Dama Ellen MacArthur na sede da fundação, em Cowes, na Ilha de Wight.

Várias pessoas trabalharam na criação do conceito de economia circular.

Sim, acredito que Walter Stahel, o economista, escreveu seu primeiro livro sobre o desempenho da economia no ano em que nasci. Ele é simplesmente o máximo. Bill McDonough, arquiteto e decorador de interiores norte-americano, e Michael Braungart, químico alemão, foram pioneiros na criação. Também há pessoas, como Janine Benyus, que têm contribuído no campo de biomimetismo.

A primeira vez que ouvi falar desse conceito foi durante minha jornada de conhecimento.

Uma jornada de aprendizado?

Sim, exatamente. Velejar pelo mundo, de certa forma, é algo bem específico, já que você tem que aprender várias habilidades, que vão desde compreender a meteorologia e os primeiros socorros até velejar. Economia não era uma disciplina oferecida na minha escola, então eu não sabia nada de economia global. Foi uma longa jornada de aprendizado.

Para mim, começou com a questão dos recursos. Em um barco, você tem recursos limitados, então você aprende o que significa limitação. Aplique isso à economia global e vai se dar conta de que há grandes desafios: uma nova classe média composta de 3,5 bilhões de consumidores na Internet, o aumento da população, a demanda cada vez maior por recursos. Vimos um século de baixa nos preços se apagar em 10 anos. Os economistas não parecem achar que isso vai mudar porque existe uma demanda crescente por mercadorias. E, para mim, a questão era a seguinte: "Então o que funciona?"

Foi uma jornada similar àquela que realizei em direção ao meu objetivo, nutrido desde os quatro anos de idade, de velejar ao redor do mundo. Tinha esse objetivo e não fazia ideia de como realizá-lo, mas sabia aonde queria chegar. Foi difícil, desafiador, surpreendente, uma aventura, mas eu sabia para onde estava indo, então toda decisão que tomei me levou para mais perto da realização.

No caso da economia circular, vi um diagrama em um livro de Ken Webster (agora líder de inovação na fundação). De repente, havia essa ideia de um ciclo. Para mim, isso fazia sentido. Era uma forma diferente de olhar para as coisas.

A economia circular é um modelo eficaz para uma economia industrial na qual o material global flui de forma ajustada em um dos dois ciclos – coisas que são biodegradáveis e coisas que não são biodegradáveis –, todos, no final, tornando-se energia renovável.

Essa foi a primeira semente para mim. De repente, passei a achar que isso poderia dar certo. Essa é uma economia que pode se manter no longo prazo. Naquele ponto, não sabíamos nada de economia. A ideia fazia sentido a partir de uma perspectiva de fluxo de materiais e de uma perspectiva de energia, mas desconhecíamos se iria custar três vezes mais que o atual produto linear. Não tínhamos a menor ideia.

De onde veio o termo economia circular?

O termo em si veio das leis chinesas. Está presente no décimo primeiro e no décimo segundo plano de cinco anos que a China está executando em busca de uma economia circular.

Em seu livro Full Circle, *você dá a entender que estava com mais medo da sua jornada de conhecimento do que dos perigos de estar no Oceano Antártico.*

Não se sente medo no Oceano Antártico. É estressante algumas vezes, mas é um lugar maravilhoso. Estaria lá de novo nas mesmas condições, se pudesse. É incrível. Às vezes você fica com medo no mar, é claro, mas também ficamos com medo dentro de um carro, dependendo da situação. Algumas escolhas, com certeza, são mais assustadoras que outras. Mas, para mim, entrar nesse espaço provocava o medo do desconhecido.

E você sabia que direção estava escolhendo? Você pensou em agricultura.

Pensei em tudo! Tinha aprendido muito sobre vela em um tempo relativamente curto e fazia perguntas sobre tudo a todos. Não importava se a questão era sobre desmontar o motor, trocar a placa do computador, dar pontos em meu braço ou administrar remédios porque se está a 4.000 km da cidade mais próxima. Você aprende todas essas coisas. É um aprendizado muito amplo.

Na verdade, o vencedor de uma regata nem sempre é o velejador mais rápido. O vencedor da regata é alguém que é um velejador rápido, mas que também consegue manter o barco em curso, mantém-se firme por três meses, observa e compreende as condições do tempo, toma decisões e repara o barco sozinho. É uma longa lista de habilidades que tive de aprender, porque queria navegar ao redor do mundo e estava vivendo apenas para isso.

Velejar era tudo para mim. Era a principal atividade em minha vida, e tudo o que fazia, cada decisão que tomava me aproximava cada vez mais do momento de dar a volta ao mundo, mas isso era diferente. Não se tratava apenas do meu objetivo de velejar pelo mundo todo, mas de algo tão grande que praticamente não conseguia compreender.

Você deve ter recebido convites para participar de outros projetos.

Havia muitos convites para me envolver com as iniciativas de outras pessoas, mas nada me agradava, pois precisava entender a ideia corretamente antes de tomar qualquer decisão sobre o que iria fazer.

Trabalhando com as pessoas da fundação, as coisas ficaram mais claras. Você faz perguntas, vai a reuniões, conversa com as pessoas e começa a compreender. O que achei muito interessante foram as mudanças no sistema. Foi o panorama. É claro que há vários detalhes nele, mas, se você não puder corrigi-lo, estará sempre apagando incêndios.

Fiquei fascinada pelo panorama quando percebi os pequenos detalhes. Por exemplo, pense na agricultura e nos fertilizantes. Os fertilizantes estão se tornando cada vez mais caros e os fazendeiros estão contando com subsídios. A maioria dos fertilizantes provém de minerais retirados do solo, que são limitados. O material biológico encontrado em restos de comida, detritos humanos e agrícolas não retorna às fazendas. Ele retornou ao solo por bilhões de anos, mas agora quebramos esse ciclo, portanto o valor se perdeu. O que me intriga é que, se olharmos para o panorama, não conseguimos identificar onde estão esses materiais. Onde reside o valor? Como esse sistema pode funcionar?

Se você analisar o sistema e perguntar como podemos redesenhá-lo para que o fertilizante possa voltar às fazendas, você não está mais focado apenas nos fazendeiros ou na mineração. Está pensando em uma mudança no sistema.

Quanto mais trabalhávamos com McKinsey, mais ficava claro que havia grandes vantagens econômicas em apostar naquele modelo. Se você considerar uma tonelada de restos de comida, ela contém $ 6 de fertilizante, $ 18 de calor e $ 26 de eletricidade. Hoje, a maior parte disso é desperdiçada; é utilizada como adubo e preenchimento de aterros. Mas há muito valor aí. Você está gerando gás, que ajuda o meio energético; está gerando fertilizante, que ajuda os fazendeiros; e também energia, que ajuda a manter as residências, por exemplo. Tudo isso a partir de algo que hoje é desperdiçado pelo sistema. Esse elemento do sistema me deixa muito empolgada.

Como você define sucesso?

Uma economia circular que funciona.

Mas essa é uma grande mudança para você. É como a diferença entre ir de A a B em um iate e dar a volta ao mundo velejando.

Sim, mas é apenas um trajeto diferente. Você ainda sabe exatamente aonde quer chegar. Você ainda sabe que está tentando alterar a economia de linear para circular. O que tentamos é fazer o máximo possível, mesmo sendo uma pequena organização. Trabalhamos, por exemplo, com McKinsey, com o World Economic Forum e com as melhores universidades do mundo. O programa Schmidt-MacArthur Fellowship trabalha com os alunos, mas também com os acadêmicos.

Se você me perguntar qual é o objetivo disso tudo, digo que é alterar a economia geral de linear para circular. Com que velocidade isso pode ocorrer, já não sei dizer. Existem muitas empresas que não vão sobreviver se a economia linear continuar. A velocidade da transição vai depender da compreensão das empresas de que há melhores formas de se fazer as coisas e de que há vantagens nisso. Então, elaboramos relatórios econômicos para mostrar que há uma oportunidade econômica de mais de um trilhão de dólares americanos nessa área.

Isso está acontecendo de forma rápida em todo o mundo. Se está sendo sinalizado como economia circular ou não é outra questão. O que tentamos fazer é oferecer uma justificativa e criar um modelo, aproximar essas ideias, mostrar números e afirmar que essa oportunidade está disponível para ser aproveitada agora mesmo.

Você se vê como líder?

Eu me vejo como jogadora de uma equipe, mas ficaria feliz em me arriscar, se necessário. Não sou do tipo de pessoa que precisa estar em uma posição de destaque; na verdade, prefiro ficar nos bastidores. Mas, se a melhor forma de fazer as coisas acontecer é ficar em um palco falando sobre algo, estarei lá sem hesitar. Trata-se de todo mundo na equipe desempenhar o melhor papel que puder. E acredito que temos um grupo excelente de pessoas aqui, com currículos, origens e experiências variadas, que se dedicam ao máximo ao que estão fazendo.

Quando olho para trás, para a navegação à vela e o recorde de volta ao mundo, a minha lembrança favorita é, sem sombra de dúvida, o trabalho em equipe. Trabalhei com uma equipe brilhante. Você pode passar 71 dias, 14 horas, 18 minutos e 33 segundos sozinho, mas, na verdade, passou anos trabalhando com uma equipe para desenhar o barco, construí--lo, montá-lo, verificá-lo, testá-lo, para então navegar pelo mundo e se preparar para recordes. Essas pessoas com as quais você trabalha em várias situações têm sua vida nas mãos. Para mim, trabalhar com elas e ter aquele espírito de equipe maravilhoso era o que valia a pena. Não se tratava de ficar sozinha, não se tratava de mim. Cruzei a linha de chegada sozinha e não senti absolutamente nada por ter quebrado o recorde, até que minha equipe subiu a bordo, e, então, as emoções foram fortes.

CAPÍTULO 8

Ser único

Nos anos 1990, Tom Peters foi o primeiro a defender a ideia de marca pessoal. Em um mercado de trabalho cada vez mais competitivo, as pessoas precisam desenvolver e comunicar suas próprias marcas, argumenta Peters.

Naquela época (agosto de 1997), o artigo de Peters, "The Brand Called You", foi capa da *Fast Company*. A ideia de marca pessoal parecia atrair os jovens autoconfiantes da elite da costa oeste dos Estados Unidos. Agora, ela é uma tendência. Espera-se que as pessoas divulguem a si próprias, de uma forma ou de outra, para ser promovidas ou conseguir empregos.

Mas como? Se você é a marca, quais são as implicações? Entre os que estudam a marca pessoal, está Dorie Clark, professora adjunta de administração na Fuqua School of Business da Duke University. Clark foi porta-voz de uma campanha presidencial e é autora do livro *Reinventing You: Define Your Brand, Imagine Your Future* (2013).

Um dos aspectos mais interessantes da sua carreira foi o período em que trabalhou na campanha presidencial de Howard Dean, em 2004.

Foi uma experiência excelente. Quando comecei a trabalhar com a campanha, ela era bem pequena. Ficávamos em um pequeno escritório, em Vermont. Havia cerca de 20 membros em nível nacional, mas, ao final da campanha, de último candidato nas pesquisas, Howard Dean passou a líder; depois, voltou a ocupar o último lugar novamente e acabou desistindo da campanha. Foi um período turbulento, mas também um grande aprendizado.

O que você aprendeu com essa experiência?

A coisa mais importante que aprendi, e que ainda acho muito valiosa, é que 2004 foi o ano das mudanças em termos de mídia e comunicação mundial. Fomos, literalmente, a primeira campanha presidencial a ter um blog. Então, o problema número 1 era lidar com o ritmo crescente da mídia. O segundo era como lidar com ela e com um cenário das comunicações em que os repórteres não são mais os únicos difusores de notícias. De um lado, você tem os blogueiros; do outro, os jornalistas. Há várias maneiras de passar sua mensagem adiante, e a nossa campanha se tornou uma produtora de conteúdo. Era uma nova forma de encarar as coisas. À medida que o cenário da mídia fica cada vez mais lotado, é necessário pensar em novas formas de passar sua mensagem.

Na política, você precisa fazer isso enquanto as pessoas estão constantemente tentando invalidar sua mensagem, tentando atacá-lo e distorcendo o que você diz para que seja mal interpretado. Tudo isso me deu uma boa noção do que pode dar errado, de como atenuar os problemas e de como agir na defensiva e na ofensiva em termos de mensagens e comunicação.

Outra coisa interessante no seu background *é o seu fascínio pela Harvard Divinity School. Isso ainda influencia seu modo de pensar?*

Sim, adorei o tempo que passei lá. Acabei ingressando lá assim, na graduação, quando ainda estava confusa sobre várias questões filosóficas. Gosto muito de saber como as pessoas dão sentido ao seu mundo e a suas vidas, então isso era algo que queria estudar e entender melhor.

Outro fator motivador, que, na verdade, está mais ligado ao meu trabalho político, é o fato de que naquela época havia muito empenho nos Estados Unidos para que a direita religiosa viesse a ser ativa politicamente. Como alguém que se interessa por política e pelo rumo do país, eu queria entender esse fenômeno, entender de onde ele vinha.

Depois disso, você se envolveu com cinema e trabalhou como jornalista.

Eu me considero uma espécie de acidente da história, na vanguarda do descobrimento de algumas verdades da economia moderna! Não necessariamente porque queria ou porque era muito esperta, mas porque tinha 22 anos na época certa e continuava perdendo meus empregos; precisava descobrir por quê. Felizmente, acredito, essa busca me levou à compreensão de algumas coisas sobre como as pessoas podem construir para elas mesmas um futuro que seja mais satisfatório e que lhes dê a oportunidade de fazer maiores contribuições. É isso que tento compartilhar.

De muitas formas, o que você faz agora é um pouco jornalístico. Você faz perguntas, divulga várias informações e trabalha para que elas repercutam na maior audiência possível.

Exatamente. É um jornalismo que não se prende a uma instituição ou organização específica, mas que é, sim, oriundo de conceitos jornalísticos.

Como você se descreve? Em seu site, consta que você é uma "consultora de estratégia de marketing", mas isso não me parece o mais apropriado.

Sim, para mim, esse é um termo vazio que pode adquirir vários significados. Costumo ocupar meu tempo e ganhar a vida de quatro maneiras: oferecendo consultoria, proferindo palestras, dando aulas em escolas de administração e escrevendo. Acho que "consultora de estratégia de marketing" é um termo bastante amplo e não descritivo o suficiente, mas que engloba todas essas coisas.

Um número crescente de pessoas com as quais conversamos são consideradas líderes e criadoras de tendências independentes.

Sim. Eu sou viciada em autonomia! Adoro me relacionar com muitas pessoas e entidades, mas é bom poder estabelecer minha própria agenda e conduzir meu próprio negócio.

Como você explica a sua marca pessoal?

Quando reflito sobre a minha marca pessoal, penso em mim mesma como alguém perspicaz, divertida, engraçada e realmente comprometida em tentar descobrir maneiras de aumentar o acesso às oportunidades. O que acho interessante em marcas pessoais é o fato de que são uma força igualitária no mundo – quando consideradas de forma correta.

Sem dúvida, muita gente faz piadas sobre o conceito de marca pessoal. As pessoas acham que é um egotismo excessivo, algum tipo de manipulação ou falsidade. Na verdade, penso que não é nada disso. É uma forma de as pessoas expressarem seu real valor. É uma forma por meio da qual elas podem realmente expressar quem são e garantir que outras pessoas vão entendê-las e saber que tipo de contribuição podem dar.

Em um mundo onde você pode fazer tal coisa, onde as pessoas são realmente valorizadas por quem são, isso é extremamente poderoso. Não se trata mais de credenciais e conexões. Trata-se de mérito. É isso que acho muito positivo.

"Uma força igualitária" é uma grande expressão, você não acha? Porque sempre parece que a marca pessoal é reservada para poucos, e não uma oportunidade para muitos.

Sim, de certa forma tem sido assim. É por isso que gosto de promover a ideia da marca pessoal. Todo mundo tem uma marca pessoal: sua reputação. É apenas uma questão de querer pensar sobre ela, reconhecê-la e tentar controlá-la, ou deixá-la aos cuidados do destino. Mas, se você estiver disposto a assumir o controle, ela pode exercer grande poder na sua carreira e na sua vida.

Há perigo de você ficar muito preocupado com o que as pessoas pensam?

Sempre há esse perigo. Você deve ser cuidadoso a respeito disso, mas não acho que zelar pela marca pessoal, que é algo inato, vai colocá-lo nessa posição. Ao contrário, trata-se de elucidar quem você é, compreendendo a si mesmo e comunicando isso de maneira eficiente.

A marca pessoal não é um fenômeno externo que precisa ser assimilado e no qual você se questiona "O que o mundo quer? Como posso ser mais assim? Como posso parecer ou fingir ser daquele jeito?" Na verdade, é um fenômeno interno: você faz uma busca dentro de si e descobre quem você é, com o que se importa, o que quer fazer, como pode contribuir para o mundo. Depois, você expressa o que descobriu.

Historicamente aconteceu o oposto com as organizações. As pessoas ajustaram seus conceitos de marca pessoal à organização. Sim. Essa é a história do século XX. Acredito que o século XXI esteja modificando isso completamente, porque sabemos que as organizações não precisam de mais pessoas que só dizem sim. Na verdade, as organizações em si estão abolindo essa ideia. Elas precisam de pensadores criativos e empreendedores dispostos a dizer: "Espere um minuto, vamos fazer algo diferente. Vamos tentar de forma diferente. Precisamos de uma nova perspectiva".

Quais são as principais dificuldades das pessoas com relação ao conceito de marca pessoal?

O erro mais comum é que as pessoas acreditam que suas carreiras estão sendo observadas de maneira mais atenta do que de fato estão, e então, consequentemente, não se dispõem a criar uma narrativa real, coerente e clara que explique quem são, onde estiveram e como isso agrega valor para onde vão.

Elas assumem que as outras pessoas simplesmente vão intuir ou compreender isso, mas, na verdade, a maioria não presta tanta atenção em você. É preciso ser bem positivo e expressar-se com clareza; caso contrário, as pessoas vão tentar adivinhar suas características e provavelmente vão tirar conclusões erradas a seu respeito. Isso significa que você vai perder oportunidades.

Portanto, trata-se de ter uma ideia clara da sua história e então expressá-la?

Sim. E, pensando na minha própria história, há uma razão para eu achar isso interessante. Estudei muita filosofia na faculdade, pois sou formada em teologia – o que pode parecer um histórico estranho para alguém que está escrevendo livros de administração e que é estrategista de marketing. No entanto, a meu ver, isso faz muito sentido, e tento explicar às pessoas. Você escuta tanto isto que é quase um clichê, mas elas dizem: "Marca pessoal tem a ver com autenticidade". Bom, acredito que isso seja verdadeiro em um sentido literal. A mesma coisa que me levou a estudar filosofia e religião me levou a estudar marca pessoal.

Esse conceito tem a ver com quem as pessoas realmente são. Qual o seu papel no mundo? Com o que elas podem contribuir? Para que estamos aqui? E, se você sabe disso, tem uma força quase incontrolável. Mas, como você disse, a maioria das pessoas não sabe disso. Elas não se aprofundam tanto. Não pensam a respeito. Isso quer dizer que as oportunidades que têm são limitadas, e a satisfação com sua vida profissional também.

Não é verdade que apenas poucas pessoas têm uma ideia clara do seu papel no universo? É muito mais fácil falar do que fazer, não?

Exatamente, e é por isso que uma das coisas que digo é que, no processo de tentar descobrir sua narrativa e entender onde você quer estar e o que quer fazer, há espaço para experiências marcantes.

Sabemos demais sobre nós mesmos. É muito difícil enxergarmos as coisas com clareza porque temos dados em excesso. Não podemos ver as árvores porque temos essa imensa floresta em nossa frente. O que sugiro às pessoas é começar no nível básico e então escalar. Você não pode ir de cima para baixo. É muito confuso.

Comece pensando sobre o assunto ou escrevendo sobre as experiências que são mais importantes para você: os momentos em sua vida nos quais realmente sentiu as coisas se encaixarem ou nos quais aprendeu algo, o momento na sua vida profissional em que disse "Isso é realmente interessante". São experiências sobre as quais você pensa bastante, a ponto de contá-las aos outros.

Se você colocar várias dessas histórias no papel, vai começar a identificar as coisas com que você se importa e que quer que sejam sua marca. É muito difícil fazer ao contrário, mas, se você começar listando suas experiências, poderá ver o que faz a diferença na sua vida.

Deve ser uma questão de idade também. Um alto executivo branco, anglo-saxão, 55 anos, deve achar esse conceito complicado, embora, talvez, ele tenha tido sucesso profissional porque desenvolveu sua marca pessoal.

A idade é, na verdade, uma questão interessante. Escrevi um artigo para a *Harvard Business Review* chamado "How to Reinvent Yourself After 50", o qual ganhou muita atenção. Costumo escutar das pessoas o seguinte: "Isso é bom se você tem 20 anos. É bom se você tem 40 anos. Não é tão útil se você tem 55 anos. O que posso fazer? Estou preso. Tenho a minha marca. Não tenho tempo de voltar a estudar. Estou condenado a ficar onde estou?"

Há coisas que as pessoas podem fazer em qualquer idade. Quase tudo que sugiro no livro *Reinventing You* são coisas que as pessoas podem fazer independentemente da sua idade ou renda. Tento sugerir coisas como: se estão lhe faltando habilidades, pense em um curso. Não se comprometa com algo que pode levar anos e muito dinheiro. Tente uma solução no mínimo viável, e então arrisque outras coisas. Tente fazer trabalho voluntário. Experimente escrever blogs. Tente se aconselhar com um colega. Isso são coisas que qualquer pessoa pode fazer se realmente estiver disposta.

E agora, quais são seus projetos?

Estou estudando a liderança de pensamento e tentando descobrir como as pessoas se tornam especialistas reconhecidas em determinada área. Vejo isso como uma continuação do trabalho que fiz no livro *Reinventing You,* que se destina a pessoas que têm grandes objetivos, que querem algo mais em suas carreiras. Talvez elas queiram trocar de emprego. Talvez queiram crescer em suas empresas, mas se sentem frustradas porque as pessoas não percebem todo o valor com o qual podem contribuir. Elas precisam remodelar isso de alguma forma para alcançar seus objetivos.

Esta próxima obra é para as pessoas que já estão nas posições que desejam. Elas sabem onde querem deixar suas marcas. Mas a questão é: como obter o maior impacto possível com suas ideias? Como ser de fato reconhecido pelo que quer dizer? Esse mercado está se tornando cada vez mais fragmentado.

Mesmo que você tenha boas ideias e seja ousado, ainda é difícil conseguir a devida atenção. Então, o que fazer? Entrevistei vários líderes do pensamento interessantes, muitos dos quais estão na lista da Thinkers50 – Seth Godin, Tom Peters, Rita McGrath, Dan Pink, entre outros –, e tentei compreender o que os levou ao sucesso. Fiz isso com o intuito de pensar em como as pessoas comuns podem aplicar tais princípios em suas vidas. O meu objetivo, basicamente, é ajudar as pessoas que estão determinadas a deixar suas marcas no mundo, empreendedores ou executivos que realmente querem fazer a diferença ou ser conhecidos por suas ideias.

Dar e receber

Quem está trazendo novas perspectivas interessantes ao conceito de marca pessoal e à ideia de contribuição do indivíduo é Adam Grant. Ele é o professor titular mais jovem da Wharton School e é considerado o melhor conceituado da instituição. É um dos escritores de ciências sociais favorito de Malcom Gladwell. Antes de iniciar a carreira acadêmica, foi diretor de propaganda da Let's Go Publications, saltador de plataforma olímpico e mágico profissional.

Em seu livro de sucesso, *Give and Take*, ele examina como ser generoso com o nosso tempo e como a experiência afeta o nosso sucesso pessoal. Grant identifica três grupos de pessoas: os doadores, os recebedores e os conciliadores. Os doadores tendem a ser generosos e a fazer favores, enquanto os conciliadores procuram uma troca justa. Opostos a eles, estão os recebedores, que só pensam neles mesmos e apenas ajudam os outros se receberam alguma recompensa. Curiosamente, a pesquisa de Grant indica que, em geral, os mais bem-sucedidos são os doadores, embora corram o risco de serem dominados por outros.

Os estudos de Grant foram mencionados em vários outros livros de sucesso, como *Quiet*, de Susan Cain, *Drive* e *To Sell Is Human*, de Dan Pink, e *David and Goliath*, de Malcolm Gladwell.

Como você se interessou pelo assunto "dar e receber"?

Sempre me interessei em saber o que faz algumas pessoas mais bem-sucedidas do que outras e, quando comecei a pesquisar esse assunto, havia três categorias que sempre apareciam: trabalho duro, talento e sorte. Percebi que esses eram todos fatores individuais, mas estávamos trabalhando em um mundo interligado. À medida que me aprofundei na questão, observei que havia muitas pessoas que diziam se importar verdadeiramente em retribuir, mas que primeiro acumulariam o máximo de sucesso, influência e riqueza possível, para depois começar a ajudar os outros. Achei que isso não fazia sentido.

Você não descobriu que as pessoas que retribuem são as mais bem-sucedidas? Então, as pessoas boas podem terminar em primeiro lugar, o que é uma descoberta extraordinária.

Sim, foi isso, apesar de eu sempre tentar transmitir esse entusiasmo com um pouco de cautela, porque há o mesmo o número de doadores que se afundam. Mas, sim, é bem animador o fato de as pessoas que colocam os outros em primeiro lugar acabarem sendo elas mesmas as primeiras.

Como você pesquisou isso?

A pesquisa é realizada de diversas maneiras. Alguns dos estudos mais rigorosos e convincentes são aqueles que pedem para as pessoas darem notas umas às outras e coletam avaliações 360 graus (*360-degree feedback*) anônimas que vão dizer se elas tendem a dar mais do que receber, se trocam igualmente, ou se recebem mais favores do que dão aos outros. Quando você faz isso, é possível rastrear ao longo do tempo o que acontece a diversos objetivos, analisando as métricas de desempenho como uma função de equilíbrio entre dar e receber. É possível observar tudo, desde produtividade de engenharia e faturamento de vendas até notas na faculdade de medicina.

De que tipo de pequenos favores estamos falando? Você apresentar alguém a outra pessoa e não esperar algo de volta?

Apresentações podem ser consideradas atos de doação. Outras grandes categorias seriam compartilhar conhecimento, ser o mentor de alguém, ajudar, dar *feedback* e ensinar habilidades. Às vezes, é algo simples como chegar cedo ao trabalho e ficar até mais tarde para auxiliar seus colegas.

Quando você analisou os perfis das pessoas, descobriu que há três tipos distintos: doadores, recebedores e conciliadores. Pode nos falar um pouco sobre cada um?

Esses estilos de interação são universais e existem tanto nas indústrias quanto nas culturas há muito tempo. As pessoas que são recebedoras estão sempre tentando conseguir o máximo possível dos outros. Elas nunca querem dar coisa alguma, a menos que sejam obrigadas.

Um recebedor típico é aquele que toma para si todos os projetos interessantes, que dão visibilidade e são importantes, deixando o trabalho braçal para os outros e ainda manipulando para receber os méritos.

No extremo oposto, temos os que chamo de doadores, e estou tentando redefinir a doação não apenas como filantropia ou voluntariado, mas como os atos diários de ajuda aos outros sem querer nada em troca.

Os doadores são as pessoas que vão se oferecer para ajudar, fazer introduções, compartilhar conhecimento e atuar como mentoras sem esperar algo de volta das pessoas que ajudam.

E, no meio do caminho, temos a maioria: os conciliadores. Em grande parte das interações, a maioria das pessoas age como conciliador, tentando manter um equilíbrio entre dar e receber e dar por receber. Se eu sou um conciliador e lhe faço um favor, espero um favor da mesma proporção de volta; e se você me fizer um favor, posso me sentir em débito até que tenha igualado o placar.

Se a maioria de nós prefere o meio-termo, existem mais conciliadores que doadores ou recebedores. Como é a divisão entre os três grupos?

Essa divisão varia de uma organização, indústria ou cultura para outra. Mas, de modo geral, os dados que foram coletados sugerem que, em média, entre 55 e

60% das pessoas são conciliadores e o restante está dividido por igual entre doadoras e recebedoras.

Se formos doadores em uma área de nossas vidas, estamos predispostos a ser doadores em todas as outras? Ou podemos ser doadores no trabalho e recebedores em outro cenário?

As pessoas realmente oscilam um pouco entre os cenários. O padrão mais comum é ser um doador em casa e um conciliador no trabalho.

Se você pedir às pessoas que são pais, por exemplo, para pensar na última vez que seu filho pediu uma carona até o colégio ou para o treino de futebol, poucos são os que diriam aos seus filhos "O que você fez por mim ultimamente?" Quando se trata de família e amigos, as pessoas gostam de ajudar e dificilmente se preocupam em igualar o placar.

Mas, no trabalho, muitas pessoas se preocupam com o fato de outros serem os recebedores, então dizem que é um lugar de competição predatória: se eu não me colocar em primeiro lugar, ninguém mais o fará.

Existem regras básicas para identificar os três tipos? Há indicações claras nessas situações, ou só conseguimos descobrir após algumas interações com alguém em seu próprio ambiente?

A maioria das pessoas acha que é muito boa em reconhecer quem é doador e quem é recebedor. Infelizmente, as evidências mostram que, até você conhecer alguém bem, suas chances de acertar não passam de mero acaso. Uma das maiores razões de nos enganarmos é um traço de personalidade chamado afabilidade.

As pessoas afáveis tendem a serem calorosas, amigáveis, gentis, acolhedoras e educadas, enquanto pessoas menos afáveis são suscetíveis a ser críticas, céticas e desafiadoras. A maioria de nós associa esses traços da personalidade com dar e receber. Se você é um cara legal – se você é afável –, assumirei que é um doador, e se você é um pouco mais duro e bruto em suas interações, assumirei que é um recebedor.

Mas, quando se analisa os dados, a correlação entre afável e desagradável e dar e receber é nula. A ideia de que alguém é afável ou desagradável está relacionada à aparência externa, ao passo que dar e receber envolvem motivação interna, intenções.

A afabilidade é o que algumas vezes chamamos de charme?

Exatamente. Sabemos que há doadores afáveis e recebedores desagradáveis, mas esquecemos que existem doadores desagradáveis, que são os mais desvalorizados dentro de uma organização. Essas pessoas são desagradáveis de lidar; costumam ser descritas como irritadiças ou severas demais em seus julgamentos. No entanto, elas têm interesse no melhor possível para as outras pessoas. Em geral, são as que estão dispostas a chamar atenção para um erro, a fazer as perguntas difíceis e a exercer o papel de advogado do diabo a serviço dos objetivos organizacionais, mas não são fáceis de lidar diariamente.

As pessoas com as quais devemos tomar cuidado são as recebedoras afáveis, a quem chamo de falsas. Elas são agradáveis na sua frente, mas estão sempre dispostos a apunhalar quem quer que seja pelas costas.

Como indivíduos, podemos escolher uma estratégia? Decidimos nós mesmos se vamos ser um recebedor ou um doador, ou temos predisposição tanto para um quanto para o outro?

Na verdade, é um pouco dos dois. Existe uma coisa chamada boa índole. Algumas pessoas nascem ou são criadas para ter um forte sentimento de empatia, dever ou responsabilidade social, e outras, obviamente, têm um DNA ou criação diferentes. Mas o interessante é que essas são decisões que tomamos em cada interação que fazemos com outras pessoas. Mesmo se o seu padrão é ser um recebedor, você pode chegar à próxima interação e decidir que, desta vez, vai propor uma troca justa ou até oferecer algo sem pedir nada em troca.

Existem muitas pessoas que fazem escolhas deliberadas e intencionais para mudar o nível de confiança que os outros têm nelas, dependendo com quem estão lidando e o quão independente elas são. É algo que vai além da sua personalidade.

Essa é uma boa notícia: há esperança para todos. Se vamos adotar uma estratégia, como podemos garantir que seremos os que vão ascender na empresa, em vez dos que serão subordinados a outros?

Essa é uma excelente pergunta. Acredito que é possível pensar em três aspectos: para quem, como e quando você dá algo. Os doadores que arranjam problemas são aqueles que estão constantemente ajudando os recebedores. Você pode desperdiçar muito do seu tempo e da sua energia ajudando pessoas que são egoístas. É fácil se prejudicar e ser prejudicado, então a ideia é focar em ter doadores e conciliadores ao seu redor. O bom de ajudar conciliadores é que eles tendem a se sentir motivados e a lhe retribuir, e garantem que o que vai, volta.

Os doadores fazem menos isso, mas eles realmente focam em passar adiante, permitindo que o que quer que você tenha lhes oferecido seja disseminado.

Quanto ao como, o conselho básico é que você seja um especialista e não um generalista quando doar. Os doadores que tentam ser tudo para todas as pessoas acabam ajudando pouco a pessoas demais, e não é muito eficiente ou motivador ajudar alguém de várias maneiras. Os doadores bem-sucedidos focam em ajudar de uma ou duas maneiras, no que eles são particularmente bons e apreciam. A ajuda especializada distrai menos e é menos cansativa, e eles podem desenvolver uma reputação de pessoas que possuem uma habilidade distinta, que são dispostas e sabem compartilhar.

A terceira parte é o quando. Os doadores que falham são aqueles que estão dispostos a parar o que estão fazendo a qualquer momento para satisfazer um pedido, enquanto os doadores de sucesso separam um tempo em suas agendas para cumprir seus próprios objetivos, terminar seu próprio trabalho. Eles têm períodos determinados para serem prestativos.

Então, esse é um processo gerenciado. É doação estratégica. Não é doação automática, o tempo todo, sem pensar. Embora possa ser agradável, provavelmente não é eficaz no longo prazo.

Sim, você está correto. Acredito que, se você for muito estratégico, vai acabar se tornando recebedor ou conciliador. Mas também acho que se trata de pensar no assunto, de se dar conta de que um doador quer ter um bom retorno em seu investimento. Isso significa doar onde vai obter maior impacto.

Isso não me parece uma boa notícia para os recebedores, porque, se somos conciliadores ou doadores, vamos querer evitar os recebedores.

Sim, correto. Os conciliadores são motivados a punir os recebedores, porque eles violam o senso de justiça e equidade. Os doadores espertos aprendem com o tempo a ser mais cautelosos ao lidar com recebedores, então acho mesmo que não são boas notícias para os recebedores. É claro que existem pessoas que são tão talentosas ou esforçadas que conseguem ser recebedoras e ainda assim conviver bem com os outros, mas a maioria de nós não pode ser dar a esse luxo. Os dados sugerem que, conforme o mundo se torna mais preocupado com colaboração e serviços, fica cada vez mais difícil os recebedores terem sucesso.

Qual seria o seu conselho para alguém que está ingressando no mundo profissional? Pergunto em relação a contatos de carreira e como progredir.

A primeira coisa a fazer é tornar-se um pouco mais sintonizado como estilo das outras pessoas. Quando você encontrar doadores e conciliadores, tente se aproximar dessas pessoas, porque pode confiar nelas e ter certeza de que vão agir com o melhor interesse. Você também poderá doar-se com um pouco mais de liberdade sem se preocupar com as consequências.

Uma forma de testar o ambiente é fazer o que o empreendedor em série Adam Rifkin chama de favor de cinco minutos. Se você está motivado a doar-se, a ser prestativo e a fazer a diferença, o que a maioria das pessoas está, você não precisa ser uma Madre Teresa ou um Gandhi. Na verdade, isso não é viável para muitos de nós. Em vez de se preocupar em ser alocado em atividades de ajudar e doar, que consomem muito tempo, você deveria procurar maneiras de agregar valor aos outros a um custo baixo para si. Fazer mais favores de cinco minutos a cada semana é uma ótima forma de agregar mais valor aos outros sem se prejudicar.

Você costuma colocar isso em prática pessoalmente?
Tento o máximo possível. Você não pode estudar essas dinâmicas sem tentar colocar em prática um pouco do que prega.

Você segue um plano?
Tento fazer muitas coisas, então há dias nos quais eu não ajudo muitas pessoas fora da minha família porque estou focado em ensinar, escrever, pesquisar e em outras atividades com as quais estou comprometido. Há outros dias em que reservo um tempo para ajudar o máximo de estudantes que puder, e vejo o que posso fazer para auxiliar meus colegas.

Acredito que dividir meu tempo dessa maneira é extremamente útil.

Escrevendo o livro *Give and Take*, aprendi a ser muito mais claro quanto às minhas prioridades: a família primeiro, depois os alunos, os colegas em terceiro e o restante em quarto. Quando alguém me procura, sei que vou responder mais rápido quando se trata de um aluno do que de um colega. Foi por isso que me tornei um professor, para ajudar e inspirar alunos, e não para fazer a diferença na vida de meus colegas professores.

Quando alguém que não integra uma dessas primeiras categorias me procura, eu me pergunto: essa é realmente a melhor forma de usar o meu tempo, ou posso indicar um livro, outra pessoa ou um recurso que poderá responder à pergunta melhor do que eu?

Não há dúvida de que algumas pessoas muito egoístas obtêm sucesso na vida. Em sua opinião, o que aciona o seu alarme para essas pessoas?

Há algumas atitudes furtivas dos recebedores para enganar as outras pessoas. A padrão é o que chamo de bajular para cima, chutar para baixo. Os recebedores são muito falsos quando lidam com pessoas poderosas, porque é vantajoso que as pessoas influentes achem que eles são generosos. Mas dá muito trabalho fingir preocupação pelos outros em todas as suas interações, então os recebedores tendem a baixar um pouco a guarda com seus pares e subordinados. Se você realmente quer saber o estilo de uma pessoa, não pergunte ao seu chefe. Pergunte às pessoas que trabalham com ela e para ela.

O recebedor também tende a dar primeiro e pedir algo muito maior depois. Muitos de nós já aprendemos a acionar o alarme quando conhecemos alguém e, sem motivo algum, essa pessoa já se mostra muito disposta a ajudar. Às vezes, por causa do seu charme ou porque conseguem nos agradar, acabamos sendo enganados por ela. Isso é algo com que temos que ter muito cuidado.

Além disso, com o passar do tempo, o recebedor dá uma impressão transacional. A princípio, ele é muito sedutor porque sabe que é isso que precisa para obter vantagem. Mas você vai perceber que ele só procura alguém quando quer alguma coisa.

Que lições as organizações podem tirar disso? Há algo que elas possam fazer em relação à cultura da empresa, ou que o CEO possa fazer para tentar garantir que mais funcionários sejam doadores, e não recebedores ou conciliadores?

Qualquer estilo usado sem muita flexibilidade é arriscado. Você tem que ser esperto para se ajustar e se adaptar, sem perder de vista seus valores e caráter. As evidências sugerem que a melhor coisa a fazer, quando se encontra um recebedor, é agir como um conciliador, o que acaba gerando uma relação de troca: se essa pessoa lhe dá algo, você dá de volta, mas sempre mantendo o equilíbrio da balança. Muitos doadores se sentem desconfortáveis com isso e não querem ficar contando o placar. Uma forma de contornar esse dilema é pedir ao recebedor que ajude outra pessoa, em vez de pedir ajuda para si. Desse modo, você o mantém responsável, mas não fica com a sensação de que está passando por cima de seus valores.

O interessante é que, se você é um doador, um pedido de ajuda para outros dá a impressão de estar ajudando também.

Qual seu próximo projeto? No que está trabalhando?

Não sou daquelas pessoas que escreve vários trabalhos sobre o mesmo assunto. Adoro elaborar uma grande pergunta que seja interessante e tenha significado prático, e então tentar respondê-la; portanto, meu próximo livro provavelmente vai abordar um novo tópico. Mas uma das coisas em que estou trabalhando agora é uma das perguntas não respondidas do meu livro: o que é preciso para transformar um recebedor em um doador?

Pode um tigre mudar suas listras? Quais as condições para produzir tal mudança?

Alguma conclusão inicial ou pistas até agora?

Há alguns padrões que começam a surgir. Os dados sugerem que é muito difícil convencer as pessoas de que elas deveriam mudar seus valores, mas elas podem convencer a si mesmas. Os recebedores parecem mudar um pouco, caminhando na direção dos doadores, quando falam sobre a importância de doar. Em vez de pedir ao recebedor para pensar como doador, pode ser interessante pedir a ele para tentar persuadir outra pessoa a agir como um doador.

Você já trabalhou como mágico, não? É possível comparar uma mágica com o que os recebedores fazem?

Foi uma das minhas primeiras experiências com a psicologia. O truque com as mãos que os mágicos fazem é o que os recebedores fazem sem ninguém perceber que se trata de um truque.

Como se interessou por mágica? Você ainda pratica?

Eu cuidava de crianças na minha rua. Elas eram hiperativas e um dia começaram a fazer truques de mágica. Alguém havia dado um jogo de mágica a elas, e percebi que ficavam quietas e prestavam atenção. Fui para casa, aprendi alguns truques para entretê-las e descobri que era uma ótima maneira para um introvertido como eu soltar-se um pouco. E então essa "carreira" decolou. Não faço mais shows, mas, ao ensinar ou palestrar, é normal que as pessoas me convençam a fazer alguns truques, e ainda gosto.

É algo interessante para uma festa. Você ainda se considera introvertido ou diria que agora está mais para extrovertido?

No fundo, ainda acho que sou introvertido. Na maioria das vezes, certamente prefiro um bom livro a um evento, mas faço centenas de palestras por ano.

Como você lida com isso, já que é professor e também faz palestras?

Quando não estou escrevendo ou pesquisando, estou em um palco, atuando como alguém extrovertido. Quando pergunto aos meus alunos, quase todos dizem que sou extrovertido. Fui inspirado pelo livro *Quiet*, de Susan Cain, e também pela pesquisa de Brian Little. Mesmo sendo introvertido, quando estou no palco, estou interpretando um personagem. Faço o papel de um extrovertido, o que pode ser exaustivo, mas, de certa forma, faço, porque realmente acredito na minha mensagem e me preocupo em compartilhar minhas ideias.

É algo que foge um pouco da minha personalidade, mas é bem congruente com meus valores.

Então é autêntico?

Sim. Malcolm Gladwell definiu bem a questão quando disse: "Falar não é um ato de extroversão, mas uma atuação, e muitos atores são extremamente introvertidos."

CAPÍTULO 9

Todos juntos agora

Uma grande questão que ainda não abordamos diretamente neste livro é a digitalização de tudo e a ascensão da mídia social. Deixamos por último não porque se trate de um mero adendo; é exatamente o contrário. A tecnologia afeta todas as questões que nós e os pensadores exploramos até aqui. Ela é a integração social e intelectual da nossa era. Gera impacto em todas as áreas, das organizações à liderança, da inovação às carreiras.

O último pensador que vamos apresentar transmite essa mensagem com muita força. Nilofer Merchant ensina inovação nas universidades de Stanford e de Santa Clara. Em uma carreira meteórica de 20 anos, Merchant passou de administradora a CEO, e então a membro do conselho de uma empresa com capital aberto na Nasdaq. Ao longo do caminho, ela adquiriu alcunhas como "a Jane Bond da Inovação", por sua capacidade de conduzir a *Fortune 500* e empresas *startups*. É autora de dois livros de sucesso: *The New How* (2010) e *11 Rules for Creating Value in the #SocialEra* (2012). Em 2013, foi ganhadora do prêmio Thinkers50 Future Thinkers Award.

Quais são as experiências de negócios que fizeram parte da sua formação?

No início da minha carreira, trabalhei com Steve Jobs. Em uma apresentação, ele me disse que o que eu fazia iria acabar. Disse que não era necessário tampouco relevante, então olhei para ele e pensei: "Você está louco". Naquela época, a minha atividade era responsável por cerca de 20% da receita total da Apple e por 47% do lucro da empresa.

Ele estava certo?

Ele tinha absoluta razão. Isso me deu uma nova perspectiva, porque é muito fácil pensar que o cálculo da receita é o que se precisa proteger. Agora tenho um instinto oposto, que me diz que, assim que começar a ter sucesso, já tenho que pensar em elaborar a próxima novidade.

Não conseguimos prever a velocidade com que o futuro se aproxima. Mas o que dá para saber antecipadamente é que precisamos continuar nessa direção, porque tudo o que tentarmos e falhar nesse período vai nos ensinar como acertar quando o momento certo chegar. Costumo dizer que é preciso fortalecer os "músculos" da inovação para que estejam pronto no momento em que precisarmos correr.

Rita McGrath, da Columbia Business School, fala sobre o fim da vantagem competitiva sustentável e sobre a importância da capacidade de concluir os projetos tão bem quanto os inicia. Você concorda?

A meu ver, essa é uma questão promissora. Dois anos atrás, revisei seu trabalho e, naquela época, ela ainda não havia dado a ele o título de *The End of Competitive Advantage*. Escrevi para Rita dizendo que a primeira coisa que ela deveria fazer era esclarecer em que consiste o fim da vantagem competitiva, e depois escrever sobre o assunto pensando nos líderes empresariais, porque isso faria as pessoas se identificarem com o livro. As velhas regras não funcionam mais. Mas, sim, acho que ela tem razão. Você deve relaxar ou talvez entender como se faz a transição. Mas, principalmente, deve entender como investir no futuro.

As empresas não costumam fechar operações lucrativas para migrar. Isso é algo novo?

Tenho feito esse trabalho nos conselhos de administração há 15 anos ou mais, e uma das coisas que percebi é que todos fazem sempre a mesma pergunta: "Quanto do meu orçamento devo investir no desenvolvimento futuro da empresa? Se quero crescer mais rápido no novo espaço, devo investir 5, 10 ou 15%?" Dê faixas de orçamento altas, médias e baixas, e começo a pensar no próximo passo.

Há uma resposta correta para essa pergunta?

Costumava mostrar aos líderes os índices de empresas em diversas indústrias e o que elas estavam fazendo, porque analisávamos minuciosamente o que as empresas equivalentes faziam. Compartilhava com eles que tal empresa estava investindo 7%, outra 15%, e que, cinco anos atrás, investiam um determinado montante. Podia mostrar a eles um espectro, e isso os ajudava a agir, investir na direção correta. Normalmente, descobríamos que o número correto era em torno de 10 ou 15%. Se você investisse mais, na verdade não ganhava mais, porque a organização não conseguia gerir isso tudo. Inventar o futuro consiste tanto em gerenciar a mudança quanto em administrar qualquer outra coisa; portanto, mesmo investindo mais dinheiro, você não conseguiria se desenvolver mais rápido.

Além de ser uma pensadora de negócios bastante reconhecida, você também é muito bem-sucedida na prática. Sua biografia diz que você lançou mais de 100 produtos que faturaram $ 18 bilhões. Pode nos falar dessa parte da sua carreira e de alguns dos produtos com os quais se envolveu?

Com certeza. Vamos voltar ao caso da Apple. Eu estava envolvida com a precificação dos produtos Apple, em diversas variáveis do marketing, ainda no início da minha carreira. Um dia me pediram para resolver um problema que a divisão de negócios apresentava. O gerente geral para as Américas na época me entregou uma planilha que todos, em princípio, também haviam recebido. Mas acabou me escolhendo para ajudá-lo, e eu não tive escapatória.

Ele me disse: "Há um segmento do negócio que está com uma margem perto de 50% no momento e faturando apenas poucos milhões de dólares. Mas, se ele crescer, é possível que sustente tudo, inclusive o declínio de todos os outros segmentos da empresa. Você acha que pode me ajudar a resolver esse problema?" E com a audácia dos meus 24, 25 anos, mesmo ser ter muita noção, respondi: "É claro que posso".

Procurei meu chefe para dizer que não fazia ideia do que havia aceitado, e ele concordou dizendo que eu realmente não tinha a menor ideia. Então, disse a mim mesma que pensaria em alguma coisa. E aquela linha de produtos acabou representando os primeiros $ 180 milhões daqueles $ 18 bilhões.

Isso aconteceu no período inicial da Internet, praticamente na "pré-Internet", e era uma questão de descobrir como divulgar o servidor da Apple, levar as pessoas a comprá-lo.

Tudo o que fiz foi observar por que ele estava vendendo bem e, então, tentar descobrir se havia algum segredo que pudéssemos usar para duplicar esse sucesso. Essa ação acabou sendo muito bem-sucedida e virou notícia nos jornais.

O que aconteceu depois?

Da Apple, mudei para uma empresa pequena chamada GoLive, e essa foi a primeira empresa de Internet a oferecer software em HTML. Mais tarde, ela foi vendida para a Adobe, acredito que por um total de $ 4 milhões.

Depois, dirigi a divisão norte-americana da Autodesk e a fiz crescer, um crescimento na casa dos $ 300 milhões.

Desse ponto em diante, passei a trabalhar com consultoria, auxiliando equipes que tinham dificuldades em lançar um produto, ou porque os preços estavam errados, ou porque a proposta de negócio estava errada, ou porque não sabiam quem era o cliente, ou porque havia algo tão confuso na proposta de negócio que estavam errando seu alvo. Então tive a oportunidade de fazer isso inclusive no conjunto criativo dos produtos da Adobe – projetando como seria a configuração e definindo a proposta de negócio.

O engraçado é que a Adobe implicou com essa noção até o fim, dizendo que ninguém compraria todos os produtos juntos. Então eu disse a eles que, na verdade, tinham muitos clientes leais que comprariam sim. Era só facilitar a opção pela Adobe.

Gostei muito de trabalhar com equipes, não apenas com os executivos de alto nível, mas com equipes que estão desenvolvendo um produto, descobrindo quem é o cliente e tentando encontrar um modo de lançar tal produto. Então, em determinado ponto, percebi que era muito boa em descobrir rapidamente o que estava errado, focando no que estava faltando, ouvindo as respostas de três, seis perguntas. Minha equipe costumava brincar que era como assistir ao *Name That Tune* (equivalente a *Qual é a música*), porque eu conseguia descobrir o problema em cinco, quatro, três perguntas. Portanto, tratava-se apenas de projetar uma solução para que o modelo de negócio fosse completo, detalhado e inovador o suficiente para que o produto pudesse ser lançado com sucesso.

Vamos falar do seu livro 11 Rules for Creating Value in the #SocialEra. *Quais são as grandes ideias desse livro?*

O título do livro já revela o seu conteúdo. Eu tinha ido à reunião de conselho de uma empresa da *Fortune 100*, para a qual havia sido convidada, para que pudesse decidir se me juntaria a esse conselho. Ouvi o presidente do conselho falar que precisavam proteger o mercado que já tinham, criar um fosso ao redor desse mercado e gerenciar a eficiência da cadeia de valores.

Estava sentada lá e já começava a ficar tensa. Tudo que eles falavam me parecia muito errado, porque não acredito mais que *algum* cliente seja o ponto final de uma cadeia de valor. Esse pensamento é muito linear e deprecia a real origem do valor. Retornei à minha mesa com a intenção de escrever um *email* agradecendo a oportunidade de me juntar ao conselho, explicando que não faria isso porque não acreditava ser uma boa parceria.

Mas sentia vontade de ajudá-los. Com a minha experiência em consultoria, pensei: "Vamos ver se posso ajudá-los a enxergar algo que não conseguem enxergar". Na verdade, queria enviar a eles algo que outra pessoa tivesse escrito. Procurei por alguém que pudesse ter escrito isso e busquei um argumento, mas sinceramente não consegui encontrar. De repente, pareceu tudo muito óbvio.

Então procurei outros pensadores de negócios – amigos que pensei serem as pessoas certas, que já teriam visto ou escrito sobre o assunto –, que disseram que os clientes são parte do processo de criação, não apenas um recipiente, e que a ideia da cadeia de valor é coisa do passado. Indivíduos conectados agora podem se comunicar uns com os outros sem a necessidade de uma grande corporação para orquestrar suas atividades. As redes na Internet permitem que você faça o que antes era exclusividade das grandes organizações centralizadas. Se esse é o caso, qual o propósito dessas organizações existentes? As redes modificam a natureza da competição alterando seus competidores.

E todos balançavam suas cabeças negativamente. Eles me disseram que ninguém havia escrito sobre isso, mas que *eu* deveria. Deixei esse assunto de lado por dois meses, mas um dia, em um momento crítico, escrevi uma introdução de 4.000 palavras sobre esse argumento e enviei à minha editora da *Harvard Business Review*, que disse: "Meu Deus, temos que publicar isso na revista imediatamente".

Então argumentei: "Calma, essa é a primeira vez que eu escrevo sobre esse assunto mais claramente. Que tal colocarmos em um blog?" E foi o que fizemos.

Qual foi a ideia por trás disso?

Há algumas bem boas. A primeira é que a mídia social é mais do que uma simples mídia. É uma oportunidade que atravessa todo o modelo de negócio. Você pode usá-la tanto para elaborar quanto para lançar ou desenhar um produto. Tudo o que é possível fazer em um negócio pode ser social. Tenho visto isso em diversas partes. Ninguém integrou essas oito partes às oito áreas funcionais do negócio, mas já vi funcionar. Esse é um grande passo à frente.

Mas a ideia principal e controversa, que me tornou famosa, foi o argumento sobre por que as teorias de Michael Porter não funcionam mais. Argumentei que os indivíduos conectados podem fazer o que apenas as grandes organizações faziam, o que desafia duas partes da teoria de gestão fundamental. Uma é a teoria da firma – conceito criado por Ronald Coase que explica por que uma firma existe de fato. E a outra é a noção de vantagem competitiva.

Enquanto a informação e o fluxo de conhecimento forem universais, torna-se impossível proteger o negócio armazenando informação. O desafio do momento é descobrir como expor essa informação e permitir que outras pessoas construam algo com você. A vantagem acontece porque as pessoas querem trabalhar umas com as outras e resolver os problemas mais rapidamente por meio da capacidade que elas têm de avaliar o ambiente e mudá-lo.

A tese do meu livro defende essa ideia de indivíduos conectados conseguirem fazer o que era permitido apenas às organizações centralizadas. A implicação é que isso muda o que você faz, como faz e o resultado do que faz, o que altera o modo como você compete.

Esse é um sinal de que as grandes organizações estão desaparecendo? As grandes corporações, como a GE, ficaram obsoletas nesse novo mundo?

Conheço muitas pessoas que gostariam de dizer que sim. Eu acho que não.

As pessoas dizem que as empresas antigas não conseguem inovar e que as pequenas são mais inventivas. Esse argumento é tão velho quanto incorreto. Joseph Schumpeter, um grande economista, disse, em 1909, se não me engano, que as empresas pequenas eram mais inventivas que as grandes. Mas, em 1942, Schumpeter se contradisse e argumentou que as empresas grandes tinham maior capacidade e incentivos para investir em novos produtos. Ao analisar as métricas de desempenho, vemos que a inovação pode vir de empresas de qualquer tamanho e que tais argumentos são simplistas demais.

O segredo para qualquer empresa, independentemente do seu tamanho, é descobrir como criar valor estável em um mercado exigente que está em constante mutação. Algo difícil tanto para uma empresa pequena quanto para as grandes.

O que posso dizer é que as organizações tradicionais vão ter uma base muito diferente. Vou dar um exemplo. Anos atrás, a IBM começou a fazer algo que considerei muito relevante, especialmente ao comparar com empresas como a HP. A IBM começou a dizer que a sua especialidade não era apenas o que lançava, não era o que construia, tampouco o que criava sozinha. Ela afirmou que podia realmente permitir que outras pessoas a influenciassem.

A iniciativa *Smarter Planet* da IBM começou com o empenho de dizer "Deveríamos fazer algo na área verde, porém não sabemos o quê". Então buscaram sugestões do público de maneira ampla, recorrendo a talentos de fora da empresa. Estavam eliminando o perímetro da empresa, não tentando resolver um problema existente que já estava definido, perguntando "Quais problemas deveríamos resolver?"

Eles mudaram sua perspectiva: a pergunta estava em aberto, e quem poderia participar da solução do problema também. E, com isso, a *Smarter Planet* tem contribuído de forma significativa com os negócios. Agora, isso é suficiente para sustentar um negócio inteiro? Não, mas acredito que é um indicativo de como o social pode incentivar as inovações.

Assim, podemos concluir que, em cinco anos, é possível conseguir muita coisa. Vamos analisar outro exemplo. Não é possível fazer hoje, mas se, em cinco ou 10 anos, for viável tirar uma foto de um motor de avião e usar um tipo de impressora 3D para fabricá-lo, não será mais necessário entrar em uma fábrica para saber o que é um motor. Se for possível tirar uma foto de algo funcional e colocar um engenheiro para produzi-lo, qual o papel da GE em "fazer" essa coisa? Não estamos falando mais sobre a capacidade que ela tem de fabricar. Trata-se da capacidade da GE de desenvolver o produto, da sua experiência e da sua habilidade de fazer as perguntas certas aos clientes.

Acredito que a mudança essencial não é *o que* você faz, mas *como* faz e a *quem* você faz as perguntas *certas,* de modo a informar o que pensa. A IBM é ótima em resolver problemas realmente complexos, então com certeza você continuaria cliente deles, uma vez que já provaram sua competência antes. Essa é uma vantagem que eles têm. Mas não se trata de defender território ou mesmo de dizer "vamos deixá-lo de fora". Trata-se muito mais de a IBM ou a GE dizer "venha e construa algo comigo".

O que você está descrevendo é a criação em conjunto como vantagem competitiva. É o oposto de criar barreiras à entrada. É a capacidade de convidar as pessoas a entrarem.

Sim, em vez de tudo acontecer dentro do seu prédio, na sua construção, com um grande fosso ao redor, dizendo "não entre aqui, pois isso é nosso, essa colina é nossa e somos o castelo no topo", é algo mais parecido com um playground aberto a todos, onde convidamos várias pessoas para brincar e ver o que podemos criar juntos. E o que se faz depois de criar algo em conjunto? O que se faz com tudo aquilo?

Como vendemos? Como lucramos? Várias perguntas podem surgir. Então você pode recorrer ao talento que de outra forma não conseguiria. Essa é a vantagem.

Estamos falando de um novo modelo, no qual vemos organizações como sistemas sociais. Você fala sobre a possibilidade de elas competirem umas com as outras com base no potencial social de cada uma.

O que afirmo é a possibilidade de mudar de um sistema fechado – no sentido de pensar as coisas em termos de competição – para um sistema aberto que diz "permitimos que brinque conosco, participando do que criamos, das perguntas que fazemos e opinando sobre quem convidamos. Quem mais podemos chamar para nos ajudar a resolver esses problemas ou criar essa oportunidade?"

Você escreveu um artigo para a Harvard Business Review chamado "When TED Lost Control of Its Crowd". Esse é um exemplo muito interessante da dimensão social em ação. Fale sobre o que aconteceu com o TED e as lições que podemos aprender.

O TED convidou várias pessoas para palestrar e criar eventos usando sua marca. Mas o que foi criado por essas pessoas não estava exatamente dentro da linha do que o TED queria no mercado. O que deveriam fazer? Em vez de culpar os responsáveis, eles transformaram o problema em um ato social público.

Iniciaram dizendo que realmente tinham um problema e perguntando a todos que haviam criticado os eventos como poderiam ajudá-los a resolver isso. Assim, até mesmo seus maiores críticos passaram a integrar o processo de mudança.

O que achei interessante foi a dinâmica social. Até então, as pessoas diziam "Apenas escolham o que querem para que possamos resolver o problema". Mas o TED disse: "Não vamos dar os detalhes do que fazemos, porque isso só ensina vocês a voltarem e a fazerem mais perguntas. Na verdade, vamos identificar as coisas que derem certo e mostrá-las a vocês. Desse modo, vamos ampliar as boas ideias e compartilhá-las. Queremos mostrar o que está bom e recompensar o melhor dos melhores para que ele seja visto como um exemplo de sucesso e para que possa ser replicado.

Durante o processo, as pessoas tentaram jogar a responsabilidade de volta para o TED. Esse é o verdadeiro dilema da liderança social, muito semelhante a ser pai ou mãe. Se você tem filhos, vai reconhecer esse comportamento. Lembro de que uma vez pedi a meu filho que arrumasse a mesa do jantar. Depois disso, perdi as contas de quantas vezes ele voltou para me fazer perguntas. "Devo colocar água na mesa? Tenho que colocar o garfo nessa posição?" Algo me dizia que não valia a pena respondê-las e que era melhor eu mesma arrumar a mesa. No entanto, achei melhor dizer que ele resolvesse sozinho. "Como você arrumou a mesa ontem? Como você aprenderia isso? E se procurasse no Google? Por que não pergunta a outras pessoas como deve ser uma boa arrumação de mesa?" Passei a responsabilidade para ele, e então o aprendizado ocorreria dentro dele; não dependeria mais de mim. Na verdade, o que fiz foi ensinar a ele como aprender e se tornar mais forte no processo.

O TED fez exatamente a mesma coisa. Toda vez que alguém pedia que estipulassem algo, o TED dizia: "Não é problema *meu*". Em outras palavras, aquilo não era um problema corporativo do TED. Era *nosso* problema coletivo e deveríamos resolvê-lo juntos. Essa ideia precisou ser reforçada e aplicada entre os participantes para que todos agissem como donos.

Você está dizendo que esse é um estilo diferente de liderança – liderança social?

Sim, é liderança social. É como se a bola continuasse em campo, conduzida por um time. Então você ensina os jogadores como fazer melhores jogadas para que tenham bons desempenhos profissionais. Os gerentes comunitários iniciam o processo e depois lideram com você. Eles estabelecem o padrão, gerenciam esse padrão e o elevam. Podem existir falhas nesses processos quando mudamos para um modelo de liderança diferente. Pensamos que os jogadores não conseguem se adaptar.

A razão pela qual as equipes continuam me procurando é que não conseguem jogar sozinhas, então precisam de uma abordagem mais direta. Mas, na verdade, isso é apenas um teste social para dar a elas mais ferramentas e mostrar em que consiste o bom desempenho. É preciso recompensar esse comportamento, encorajar os integrantes a aprender uns com os outros, pois esse é o princípio que deve ser duplicado e difundido sem que você, como líder, tenha que trabalhar no lugar de sua equipe.

Quais são as habilidades necessárias para liderar muitas pessoas ao mesmo tempo dessa forma? Isso parece demorado.

Pode levar muito tempo ou não, mas o que a maioria dos líderes corporativos está fazendo hoje é ineficiente e demorado de qualquer maneira. As coisas sobem e descem ao longo da hierarquia de comando, são levadas para cima, criticadas, levadas para cima novamente, criticadas mais um pouco, aprovadas por alguém, levadas de novo para baixo, e, quando voltam, a situação já pode ter mudado. Os líderes estão tentando ser mais rápidos na estrutura hierárquica corporativa porque está muito difícil acompanhar o ritmo das mudanças do mercado.

Como líder, não gosto de gastar tempo demais aprovando e desaprovando coisas, e acho que ninguém gosta. É um processo muito lento e cansativo. Mas que tal se eu compartilhasse com vocês em alguns fóruns públicos o critério no qual queremos operar, e aonde queremos chegar? Depois, é com vocês. Vocês são espertos e inteligentes, se virem sozinhos. Então, como líder, descobri como fazer todo mundo resolver problemas e identificar oportunidades.

Um bom exemplo é o Google. O Google tem uma rede interna na qual publica as estratégias nos níveis hierárquicos mais altos, em todas as divisões, e assim em diante. As pessoas fazem perguntas e criticam as estratégias da empresa. Na verdade, já houve comentários como "Eu odeio essa estratégia". As pessoas se sentem à vontade para dizer qualquer coisa nesse fórum.

Perguntas são feitas, conversas ocorrem e fatos são esclarecidos. Quando um gerente de produto quer fazer isso ou aquilo, o líder pergunta: "Como isso se encaixa na estratégia?" Assim, a responsabilidade recai sobre uma única pergunta. Não cabe ao líder determinar se uma ideia combina com a estratégia. Isso fica a cargo dos gerentes de produtos, que precisam descobrir o que se encaixa nela.

É claro, o papel do líder é fazer mais perguntas, aconselhar, ensinar, mas é bem diferente. Não tenho certeza se é mais difícil, mas sem dúvida é diferente.

No longo prazo, você pode ter mais participantes pensando por si mesmos.

Em última análise, você afirma que há uma maneira melhor de liderar, e que se trata de uma forma mais produtiva de alcançar soluções.

Com certeza. Escrevi o artigo sobre o TED porque o que essa organização fez se aproxima da liderança moderna. Além de o TED corporativo agora promover três eventos por ano, com uma equipe que presumo ser de 120 pessoas, ele tem que lidar com os patrocínios corporativos, e assim por diante. No entanto, mais de 6.000 eventos acontecem em seu nome, reunindo milhares de ideias inovadoras e abrindo espaço para os melhores líderes. Como foi possível uma organização tão pequena fazer esse número de eventos com uma forma convencional de negócio? Isso não seria possível apenas com o talento e a criatividade de alguém em Houston, Texas ou em uma favela nos arredores de Nairóbi, no Quênia.

O que estou dizendo é que a abertura leva a um grande alcance, leva a novas ideias em que não conseguimos pensar sozinhos. Mesmo que 120 pessoas nos Estados Unidos pudessem pensar em todas essas ideias, elas seriam oriundas de um ponto de vista centrado nesse país, e não de uma perspectiva global. Como se tornar uma organização em que uma grande ideia, independentemente de onde venha, faz a diferença? Como realizar esse processo de filtragem?

Essa é uma mudança importante na organização humana? A nova tecnologia nos permite criar um processo social que antes era impossível? Trata-se de um divisor de águas para a humanidade? Vamos fazer as coisas de forma diferente?

Acho que sim, pois acredito que queremos chegar lá. Se retrocedermos alguns séculos, tínhamos trabalho do tipo artesanal. Você era um escritor de livros ou um artesão, e a sua eficiência em atingir uma grande escala de pessoas era baixa. Então, entramos na era industrial, na qual ganhamos eficiência, mas perdemos o talento artesanal que havia em nós.

Agora, com a Internet, as empresas podem permitir que a perspectiva, a criatividade e o talento individual retornem, mas sem perder a capacidade de produzir em larga escala. Acredito que chegamos a esse ponto a partir das mudanças tectônicas. Se há algo que todo ser humano deseja é a possibilidade de que suas ideias e sua criatividade façam a diferença. Todos querem ver sua arte exposta. Querem usar e mostrar ao mundo seus talentos individuais, sejam eles quais forem.

Em que ponto dessa revolução social estamos? Até onde já percorremos? Temos uma massa crítica?

Talvez tenhamos percorrido 10 anos. Tivemos 10 anos de excesso cognitivo e de capacidade de nos conectar. Mas, provavelmente, apenas nos últimos três anos vimos algo com que podemos lucrar. É possível organizar todas essas inovações de maneira eficiente, e é por essa razão que o TED é um caso interessante.

Há outros exemplos de organizações bem-sucedidas desse ponto de vista. No entanto, estamos em um estágio inicial, e é por isso que o meu livro sobre a era social é uma hipótese. Salientei que ainda não posso provar isso porque não há evidências suficientes, mas quero sugerir que há uma mudança direcional. A questão é: quando todos fazem isso? Bill Gates disse que, com o impacto da nova tecnologia, superestimamos a mudança que ocorrerá nos próximos dois anos e subestimamos a que vai ocorrer nos próximos 10 anos. Acredito que isso seja verdade, então não podemos nos permitir ser atraídos pela inércia, dizendo que a mudança está muito longe. Contudo, os resultados da transformação dessa mudança em um modelo de negócios e em uma construção de liderança realmente viáveis podem levar 20 anos para serem percebidos.

Você consegue ver empecilhos no caminho ou isso é inevitável?

Com certeza existem alguns obstáculos. Há algumas questões que se poderia levantar agora e que ninguém saberia responder. Uma delas é o fato de que um número elevado de pessoas está trabalhando de graça. A ideia de que podemos fazer o trabalho juntos, blá-blá-blá, de fato é muito interessante. O lado ruim disso, porém, é que, se avaliarmos as 6.000 pessoas que criaram os eventos do TED, descobriremos que a maioria não ganha dinheiro com isso.

O trabalho feito no evento lhes proporcionou mais atenção da mídia e talvez outras coisas mais, mas, às vezes, as pessoas precisam comprar sapatos e alimentar seus filhos. Temos que pensar no ponto de equilíbrio econômico envolvendo isso, e, até resolvermos esse aspecto, acredito que ainda teremos dificuldades. A outra questão é que todo mundo tende a olhar para essas iniciativas sociais e perguntar por que elas falharam. Por que o *Occupy Wall Street* falhou? Por que a Primavera Árabe falhou?

Algumas pessoas vão dizer que a Primavera Árabe obteve sucesso. Mas, a meu ver, tínhamos um ditador e agora temos outro, portanto não vimos realmente uma grande mudança viabilizada porque as vozes das pessoas foram ouvidas e porque houve um novo resultado. Assim, a questão é conseguirmos realmente realizar mudanças, mudanças tectônicas, não apenas mudanças aparentes. Como podemos alcançar os resultados que queremos, e não apenas nos sentir bem por um tempo? Há poucos sinais de que chegamos a esse ponto.

É nessa área que precisamos de mais provas para poder ir adiante.

O que você acha que os gestores podem aprender com os seus pensamentos, com as suas ideias?

É a hora de se preparar. Posso acertar apenas 50% dessas minhas ideias futuristas, mas não saberia dizer quais 50%. Eu gostaria que as pessoas abrissem a mente em duas direções.

A primeira é parar de pensar na sua organização como um sistema fechado. Como se convida outros a entrar, clientes, parceiros, quem quer que seja? Como se derruba essas barreiras dentro da organização para permitir que todo talento disponível seja aproveitado, não importando em que lugar do mundo esteja, tampouco se trabalha para você? Então, abertura com relação a talento é um ponto.

O segundo desafio é parar de pensar que o que se está produzindo é uma coisa. Fazer uma coisa e vender é antiquado. Em vez disso, você deve pensar mais sobre como habilitar várias outras pessoas para construir produtos com você. Assim, você passa de uma IBM que produz servidores para uma IBM que sabe produzir servidores e que tem muita experiência e conhecimento.

A IBM torna-se mais poderosa porque ela pode ser a ferramenta de integração. Ela pode fazer as perguntas certas e resolver diversos problemas. Portanto, pense em como construir uma mentalidade de plataforma, em vez de uma mentalidade de produto.

Esses dois vetores me parecem ser os mais importantes. Todo o crescimento e o desempenho podem ser atrelados à abertura desses dois vetores e à mudança das formas transacionais de vender os produtos para formas relacionais, e, por fim, para formas conectadas de vender, nas quais quem fez o produto é o que menos importa.

Que conselho você daria ao seu filho de 10 anos que tem toda uma carreira pela frente e está tentando encontrar seu lugar no mundo?

Ele vai ter a chance de pensar não apenas em se encaixar em uma estrutura existente, mas em como criar uma estrutura que funcione para ele, que seja adequada a ele. Vamos pensar menos em ter um emprego e mais no conjunto de coisas nas quais estamos interessados em fazer, e então descobrir uma forma de agregar valor econômico a essa atividade. Esse é um ponto. O segundo ponto é compreender que não estamos limitados pela geografia, seja para quem for que se trabalhe. Também não somos limitados por quem já conhecemos. Você pode começar a trabalhar com estranhos, e eles vão ajudá-lo a resolver problemas. Além disso, você pode aprender a encontrá-los, a trabalhar com eles e a negociar aquele modelo do seu objetivo compartilhado. As crianças de hoje fazem isso instintivamente, então é bem possível que meu filho possa me ensinar tanto sobre colaboração quanto posso ensinar a ele.

Notas

Introdução

1. David A. Garvin, "How Google Sold Its Engineers on Management," *Harvard Business Review*, December 2013.
2. Joseph Schumpeter, "Measuring Management," *The Economist*, January 18, 2014.

Capítulo 1

1. Tobias Preis, Helen Susannah Moat, and H. Eugene Stanley, "Quantifying Trading Behavior in Financial Markets," Nature Publishing Group Scientific Reports, April 2013.
2. Todas as citações são das entrevistas, a não ser quando referenciadas.
3. Alex Gregory, "Golden Lessons," *Business Strategy Review*, Winter 2013.

Capítulo 3

1. Antoinette Schoar and Marianne Bertrand, "Managing with Style: The Effect of Managers on Corporate Policy," *Quarterly Journal of Economics*, November 2003.

Capítulo 5

1. Sun Tzu, *The Art of War* (trans. Griffiths), Oxford University Press, 1963

Índice

11 Rules for Creating Value in the #SocialEra (Merchant), 182-185

A Arte da Guerra (Tzu), 91
abordagem precisa, 126-128
acadêmico,RSC, 135-137
Adner, Ron, 106
Adobe, 181-182
afabilidade, 166-167
Ahuja, Simone, 122-123
Allworth, James, 107-117
ambiguidade, 112-113
aplicativos, 125-127
Apple, 98-99, 178-181
aptidão comportamental, 35-40
aquisição. *Ver* fusões e aquisições
Arikan, Asli, 101-102
armadilha da experiência, 88-90

atenção, 43-47
Autodesk, 181-182
autoimagem corporativa, 138-139

Baby Bust (Friedman), 69-70
bajulando, rebaixando, 171
bem-estar, 35
Benyus, Janine, 143
Bertrand, Marianne, 67-69
Bidwell, Matthew, 68-69
  empresas grandes, 185-188
Bonet, Rocio, 79-80
BP, 54
Braungart, Michael, 142-143
Breakthrough Idea Award, 140
bricolagem, 120
  Ver também jugaad
Brynjolfsson, Erik, 106

Build, Borrow or Buy (Capron e Mitchell), 92-93, 95
Built to Last (Collins e Porras), 56-57
Bungay, Stephen, 5

caçadores de talentos, 88-89
    e vida profissional, 77-78
Cappelli, Peter, 78-80
Capron, Laurence, 92-103
    CEOs, 83-85
    crise financeira de 2008, 79-84
    desenvolvimento interno, 100-101
    durante a crise financeira, 81-82
    e caçadores de talentos, 77-78
    e educação, 81-83
    e mídia social, 83-84
    empresas que gerenciam bem as carreiras, 84-88
    equilíbrio entre movimentação externa e interna da carreira, 86-87
    incerteza, 82-83
    intermediários, 82-84
carreira, padrões de, 79-80
CellScope, 125-126
CEOs, 67-69
    armadilha da experiência, 88-90
    carreiras, 83-85
    estratégia, 100-102
Chandy, Rajesh, 2
charme, 166-167
Christensen, Clay, 107-111, 113-114
Chuanzhi, Liu, 2
Cisco, 98-100
Clark, Dorie, 4, 152-161
Coase, Ronald, 184-185
cognição e sustentabilidade, 137-139

Collins, Jim, 56-57
compartimentação dos pensadores, 4
concessões, 161-163
    tipos de, 163
    Ver também doadores; conciliadores; recebedores
conciliadores, 163-169
conservadorismo inteligente, 54-56
construir, tomar emprestado ou comprar, *framework*, 92-93, 95-99
    Apple, 98-99
    Cisco, 98-100
    equilíbrio, 96-99
    global, 99-100
    L'Oreal, 99-100
consumidor *versus* usuário, 141
corporações, de vida longa, 51-62
criação em conjunto, 188
crise de liderança, 25
cultivo, 146-147

Daimler, 54-56
Dean, Howard, 152
desenvolvimento interno, 100-101
Dillon, Karen, 107, 110-111
diversidade, nos níveis executivos, 78, 80-82
DIY (faça você mesmo), 124-126
    Ver também jugaad
doadores, 163-169

economia circular, 139-148
Edmondson, Amy, 3
educação
    e carreiras, 81-83
    mudanças nas instituições educacionais, 79-80
    nível de, entre executivos, 79-80

universidades de elite (*Ivy League*), 85-88
elite de liderança nômade, 21-22
Ellen MacArthur Foundation, 141
empreendedorismo, 64-66
  alunos de MBA e, 69-71
  mulheres empreendedoras, 66-67
emprego, durante crise financeira, 81-82
empresas de busca de executivos, 88-89
empresas jovens, 101-103
Enduring Success (Stadler), 52-57
engajamento, 31-32
escada da carreira, 68-69, 75
  Ver também hierarquia
esportes, captando ideias a partir de, 7-8
Esso, 59-60
estratégias, 91-92
  campo de, 103
  CEOs, 100-102
  Framework do Caminho dos Recursos, 92-93
estruturas organizacionais, intersecção com motivação, 111-113
executivos
  diversidade nos níveis executivos, 78
  educação, 79-80
expectativas não realistas, 24-25
experiência de gerenciamento, 86-87
exploração *versus* tirar proveito, 97-99
extroversão, 173-175

F&A. *Ver* fusões e aquisições
Facebook, 83-84

favor de cinco minutos, 170
fertilizantes, 146-147
financiamento coletivo, 70-73
Finkelstein, Syd, 2
Fitzpatrick, Sean, 12-13
forças de construção, 29-30, 34-35
Ford, 128-129
Framework do Caminho dos Recursos, 92-93
  Ver também construir, tomar emprestado ou comprar, framework
Franken, Arnoud, 5-7
Friedman, Stew, 69-70
Full Circle (MacArthur), 144-145
fusões e aquisições, 93-96, 100-102
  aspectos pós-aquisição, 101-102

Gates, Bill, 195-196
Gatignon, Aline, 102-103
  papel do, 48-49
gerentes intermediários, 66-70
Ghemawat, Pankaj, 2
Give and Take (Grant), 161-162
Gladwell, Malcolm, 174-175
GoLive, 180-182
Google, 191-192
Google, buscadores, análise dos, 3-4
Govindarajan, Vijay, 2
Grant, Adam, 4, 161-175
Gratton, Lynda, 3
greenwashing, 136-137
  Ver também sustentabilidade
Gregory, Alex, 7-8
Gupta, Anil K., 2

Hambrick, Don, 57-58
Hamori, Monika, 76-90
Herkstroter, Cornelius, 59-61

hierarquia, 76
    Ver também escada da carreira
Hill, Linda, 3
How Will You Measure Your Life?
    (Allworth, Christensen e Dillon),
    110-111

Ibarra, Herminia, 3
IBM, 124-125, 197
iniciativa Smarter
    Planet,185-188
idade, e marca pessoal, 159-160
identidade do espaço de trabalho
    19
importação de ideias, 5-7
improvisação, 123-124
    Ver também jugaad
improvisação rica em recursos,
    120
    Ver também jugaad
inovação, 105
    campo dos pensadores, 106-
    107
    e liderança, 127-129
    e sustentabilidade, 137-138
    escalação, 107-117
    jugaad, 116-131
    nos mercados emergentes, 123-
    125
inovação frugal, 129-131
intermediários, 82-84
introversão, 173-175
Ioannou, Ioannis, 133-140
IPOs, 101-103

jiejian chuangxin, 123-124
    Ver também jugaad
Jimenez, Joe, 14-15
Jobs, Steve, 178
jogos, 68-70
jugaad, inovação, 116-131

kanju, 123-124
    Ver também jugaad
KISS, 126-127
Kumar, Nirmalya, 2
Kuppuswamy, Venkat, 70-71

L'Oreal, 99-100
lealdade, 19-20, 22-23
Lenovo, 2
Lévi-Strauss, Claude, 120
liderança, 11-13
    comunidades, 27
    crise de, 25
    definição de, 27-29
    desenvolvimento, 25-27
    e inovação, 127-129
    elite de liderança nômade, 21-
    22
    lidar com pessoas que não têm
    bom desempenho, 13
    liderança clínica, 15-29
    liderança de pensamento, 160
    liderança positiva, 29-49
    liderança social, 190-194
    liderar pelo exemplo, 13
    líderes carismáticos, 56-59
    líderes inteligentemente
    conservadores, 58-62
    preparação, 13-15
    transição de jogador para
    treinador, 12
liderança positiva
    ambiente positivo, 34-35
    aptidão comportamental, 35-40
    atenção, 43-47
    aumento da eficácia individual,
    45-48
    definição de, 32-33
    elementos de, 29-30
    engajamento, 31-32
    papel do gerente, 48-49

Índice 205

tendências, 32-34
vantagem competitiva, 30-31
LinkedIn, 83-84
Linus, lei de, 71-72

MacArthur, Ellen, 142-149
    Ver também Ellen MacArthur
    Foundation
mágica, 172-173
Maker Movement (Movimento
    Maker), 120, 124-125
marca, 151
    Ver também marca pessoal
marca pessoal, 152, 154-161
Martin, Roger, 2
Mauborgne, Renée, 3
MBA, alunos de, e
    empreendedorismo, 69-71
McDonough, Bill, 142-143
McGrath, Rita, 3, 178-179
Medallia, 114-115
Mercedes, 55-56
Merchant, Nilofer, 177-198
mídia, 152-153
militares, importando ideias de,
    5-7
Mitchell, Will, 92-93, 95
Moat, Hen Susannah, 3
Mollick, Ethan, 61-74
Moody-Stuart, Mark, 60-61
motivação, intersecção com
    estruturas organizacionais, 111-
    113
movimentos laterais, 68-69
mulheres empreendedoras, 66-67
mulheres pensadoras, 3

Nadal, Rafael, 42-43
Nano, carro, 121-122
navegação, 145-146, 149
Newman, Lee, 29-49

Occupy Wall Street, 196-197
operações de fechamento, 178-
    179
organizações estratificadas, 112-
    114

P & D, 105
    Ver também inovação
P & G, 130-131
parâmetros (*scale*), 113-115
parceiros, 127-128
pensadores canadenses, 2
pensadores chineses, 2
pensadores indianos, 2
pensamento limitado, 33-34
pesquisa, 20-21
Peters, Tom, 67-68, 151
Petriglieri, Gianpiero, 4
    sobre liderança clínica, 15-29
Petriglieri, Jennifer, 19
política, 153
por toda a vida, 79-80
Porras, Jerry, 56-57
Porter, Michael, 184-185
Prabhu, Jaideep, 122-123
Prahalad, C.K., 140-141
Prahalad, Deepa, 140-141
Preis, Tobias, 3
preparação, 13-15
Primavera Árabe, 196-197
Procter & Gambler. *Ver* P & G
profissionais nômades, 21-22
promoções, 68-69
    Ver também hierarquia
psiquiatria e psicologia,
    influência na liderança, 15-29

Radjou, Navi, 116-131
recebedores, 163-169, 171-174
rede de comunicação, 183-184,
    194-195

responsabilidade social
 corporativa, 133, 135-137
Reuter, Edzard, 54-59
Rifkin, Adam, 170
RSC. *Ver* responsabilidade social
 corporativa

Salesforce.com, 127-128
Sandberg, Sheryl, 3
Schmidt-MacArthurFellowship,
 148
Schoar, Antoinette, 67-69
Schumpeter, Joseph, 185-186
Sennet, Richard, 21-22
Serafeim, George, 137-138
Shell, 59-61
Shi, Wang, 2
sistemas abertos, 188-189
sistemas fechados, 188-189, 196-197
smartphones, 126-127
Solal, Isabelle, 21
Stadler, Christian, 51-62
Stahel, Walter, 141, 142
Stanley, H. Eugene, 3
sucesso, 147
sucesso de longo prazo, 51-62
sustentabilidade, 133-140
 e cognição, 137-139
 e inovação, 137-138

Tapscott, Don, 2

Tata Group, 121-122
TechShop, 128-129
TED, 189-190, 193-194
tendência, 32-34
Torvalds, Linus, 71-72
treinamento mental, 29, 32-34,
 42-44, 47-49
Tzu, Sun, 91

Unilever, 139
universidades de elite, 85-88
 Ver também educação
usuários *versus* consumidores,
 141

Valve Software, 111-113
vantagem competitiva, 30-31
 criação em conjunto como
 uma, 188
 fim da, 178-179
vantagem comportamental, 30-31
veículos autônomos, 114-116
viés de confirmação, 33-34

Webster, Ken, 144
Welch, Jack, 76
Wessel, Max, 107, 113-114
Wiseman, Liz, 3
Wood, Jack, 16-17

Zola, Gianfranco, 11-12

Agradecimentos

Este livro homenageia alguns pensadores que, acreditamos, vão moldar o futuro dos negócios. As suas ideias são novas, interessantes e práticas. Esperamos que os apreciem tanto quanto nós.

Gostaríamos de agradecer a todos os pensadores mencionados no livro e àqueles que entrevistamos.

Agradecemos, principalmente, a James Allworth, Laurence Capron, Dorie Clark, Adam Grant, Monika Hamori, Ioannis Ioannou, Dame Ellen MacArthur, Nilofer Merchant, Ethan Mollick, Lee Newman, Gianpiero Petriglieri, Navi Radjou e Christian Stadler.

Os autores

Professores adjuntos na IE Business School de Madrid, Stuart Crainer e Des Dearlove criam e defendem ideias de negócios. Eles são os criadores do Thinkers50 (www.thinkers50.com), o ranking mundial de líderes do pensamento dos negócios. Seu trabalho na área levou a *Management Today* a descrevê-los como "*market makers* por excelência".

Como jornalistas e analistas, Stuart e Des têm feito perguntas pertinentes há mais de duas décadas. Agora eles ajudam líderes a encontrarem suas próprias perguntas e a explorarem a melhor maneira de comunicar as respostas às pessoas.

Foram consultores do relatório de 2009 do governo britânico sobre comprometimento dos funcionários e colaboradores do Management Innovation Lab, na London Business School. Seus clientes incluem Swarovski, Fujitsu, Heidrick & Struggles e o Departamento de Desenvolvimento Econômico de Abu Dhabi.

Stuart e Des são colunistas do *Times* (Londres), editores convidados da revista norte-americana *Strategy+Business* e editaram o best-seller *Financial Times Handbook of Management*. Seus livros incluem *The Management Century*, *Gravy Training*, *The future of Leadership* e *Generation Entrepreneur*, todos disponíveis em mais de 20 idiomas.

Stuart é editor da *Business Strategy Review*. De acordo com a *Personnel Today*, ele é uma das figuras mais influentes na gestão de pessoas. Des é professor-associado da Saïd Business School, da Universidade de Oxford, e é o autor de um estudo de sucesso sobre o estilo de liderança de Richard Branson.

Des e Stuart vêm ensinando alunos de MBA, professores e altos executivos em programas ao redor do mundo, os quais incluem o Oxford Strategic Leadership na Saïd Business School, da Universidade de Oxford; a Columbia Business School, em Nova York; a Tuck Business School, da Dartmouth College; em New Hampshire; o IMD em Lausanne, na Suíça; e a London Business School.

Thinkers50

O Thinkers50 – ranking mundial de pensadores da administração – examina, avalia e compartilha ideias de gestão. O Thinkers50 foi publicado pela primeira vez em 2001 e, desde então, é editado a cada dois anos. O ranking teve como primeiro colocado em 2011 e 2013 o professor Clayton Christensen, da Harvard Business School. Os vencedores anteriores foram C. K. Prahalad (2009 e 2007), Michael Porter (2005) e Peter Drucker (2003 e 2001).

O ranking é baseado em uma votação realizada no site do Thinkers50 e nas contribuições de uma equipe de consultores liderada por Stuart Crainer e Des Dearlove. O Thinkers50 avalia os pensadores a partir de 10 critérios estabelecidos:

- Originalidade das ideias
- Viabilidade das ideias
- Estilo da apresentação
- Comunicação escrita
- Lealdade dos seguidores
- Senso empresarial
- Perspectiva internacional
- Rigor de pesquisa
- Impacto das ideias
- Poder de inspirar

IMPRESSÃO:

Pallotti — GRÁFICA EDITORA — IMAGEM DE QUALIDADE

Santa Maria - RS - Fone/Fax: (55) 3220.4500
www.pallotti.com.br